Indice

Introduzione al Forex

Definizione del Forex

Il Forex (Foreign Exchange) è il mercato finanziario globale in cui le valute sono scambiate tra loro. Questo mercato è il più grande e il più liquido al mondo, con un volume giornaliero di scambi che supera i 5 trilioni di dollari.

Il Forex è aperto 24 ore al giorno, cinque giorni alla settimana, e coinvolge banche centrali, istituzioni finanziarie, investitori istituzionali, trader individuali e aziende di tutto il mondo.

Il **trading forex** è l'attività speculativa che consente di trarre profitto dall'oscillazione delle quotazioni tra gli scambi valutari.

La storia del Forex

Il mercato Forex ha una lunga e interessante storia che risale ai tempi delle prime civiltà che facevano commercio internazionale. Il Forex moderno, tuttavia, è nato nel 1971, quando il sistema monetario internazionale è stato abolito e il valore delle valute è diventato determinato dal mercato.

- ### La Bretton Woods Agreement

Prima del 1971, il valore delle valute era determinato dal sistema monetario internazionale, che era stato creato durante la Conferenza di Bretton Woods nel 1944. Questo sistema prevedeva che il valore del dollaro USA fosse legato all'oro e che tutte le altre valute fossero legate al dollaro. Tuttavia, nel 1971, il presidente degli Stati Uniti d'America, Richard Nixon, ha deciso di abbandonare questo sistema e di permettere al valore del dollaro di essere determinato dal mercato.

- **La nascita del Forex moderno**

Dopo la fine del sistema monetario internazionale nel 1971, il Forex moderno è nato. Il valore delle valute è diventato determinato dal mercato, con il tasso di cambio che rifletteva l'offerta e la domanda delle valute sul mercato. Il Forex è diventato un mercato globale aperto 24 ore al giorno, cinque giorni alla settimana, in cui le valute sono scambiate tra loro.

- **La digitalizzazione del Forex**

Negli anni '90, il Forex è diventato sempre più digitalizzato, grazie all'avvento della tecnologia e alla diffusione di Internet. Questo ha reso il mercato più accessibile ai trader individuali, che potevano negoziare valute da qualsiasi parte del mondo tramite una piattaforma di trading online. Ciò ha aumentato la popolarità del Forex e ha reso il mercato ancora più liquido.

- **L'evoluzione del Forex**

Negli ultimi anni, il Forex ha continuato a evolversi. Nuove tecnologie, come la blockchain e l'intelligenza artificiale, stanno trasformando il modo in cui le valute vengono scambiate e negoziate. Inoltre, il mercato Forex è diventato sempre più regolamentato, con molte autorità di regolamentazione che stabiliscono norme e regole per garantire la trasparenza e la sicurezza del mercato.

I principali partecipanti al mercato Forex

Diverse sono le figure che operano sul Forex grazie alla sua importante dote di liquidità e alla sua trasversalità in tutto il mondo.

Ecco una panoramica dei principali partecipanti al mercato Forex:

- **Le banche centrali** rappresentano i principali partecipanti del mercato Forex.

  Tuttavia, non intervengono nel mercato solo per regolare l'offerta di valuta e mantenere la stabilità dei tassi di cambio, ma possono anche utilizzare il mercato per accumulare riserve di valuta estera. La Banca Centrale Europea (BCE) e la Federal Reserve (FED) sono un esempio di banche centrali che partecipano attivamente al mercato Forex.

- **Le banche commerciali**, invece, sono i principali intermediari tra i clienti e il mercato.

  Gestiscono le transazioni di valuta per conto proprio, in particolare per il loro business internazionale, e utilizzano il mercato Forex per coprire il rischio di cambio. Inoltre, offrono servizi di trading online ai loro clienti, permettendo loro di accedere al mercato Forex tramite piattaforme di trading online. Banche come JPMorgan Chase, Deutsche Bank e HSBC sono esempi di banche commerciali attive nel mercato Forex.

- **Le società di investimento**, come le banche d'investimento, le società di gestione del patrimonio e i fondi di investimento, utilizzano il mercato Forex per gestire i propri portafogli di investimento, in particolare per le operazioni valutarie.
  Possono anche utilizzare strumenti di trading automatizzati per effettuare le proprie transazioni, al fine di ridurre il rischio e aumentare la redditività.
  Esempi di società di investimento attive nel mercato Forex sono Goldman Sachs, BlackRock e Bridgewater Associates.
- **I trader privati** rappresentano una parte significativa dei partecipanti al mercato Forex. Effettuano transazioni sul mercato Forex per conto proprio, utilizzando diverse strategie di trading. Possono utilizzare diverse piattaforme di trading per accedere al mercato Forex, come MetaTrader e cTrader.
  Tuttavia, il trading sul mercato Forex è ad alto rischio e richiede una conoscenza approfondita dei mercati finanziari e della gestione del rischio.
- **Gli hedge fund** sono società di investimento che gestiscono fondi di investimento alternativi.
  Utilizzano il mercato Forex per investire in diverse valute e gestire il rischio di cambio.
  Possono utilizzare diverse strategie di trading, come il carry trade e l'arbitraggio valutario.
  Esempi di hedge fund attivi nel mercato Forex sono Renaissance Technologies e Bridgewater Associates.

Le valute negoziate nel mercato Forex

In questo capitolo, esploreremo le valute più negoziate sul mercato Forex e le loro caratteristiche.

Prima di tutto, è importante capire che ogni coppia di valute nel mercato Forex è composta da due valute diverse, **la valuta di base** e **la valuta quotata**.

La valuta di base è sempre la prima valuta nella coppia, mentre la valuta quotata è la seconda valuta. Ad esempio, nella coppia di valute EUR/USD, l'euro è la valuta di base e il dollaro americano è la valuta quotata.

Esempio:

1. I mercati forex vengono sempre quotati a coppie (scambi valutari)
2. Il prezzo di una coppia valutaria equivale all'ammontare della valuta quotata necessario per acquistare un'unita della valuta base.
3. Ricorda, quando fai trading sul forex stai sempre acquistando una valuta mentre ne vendi un'altra.

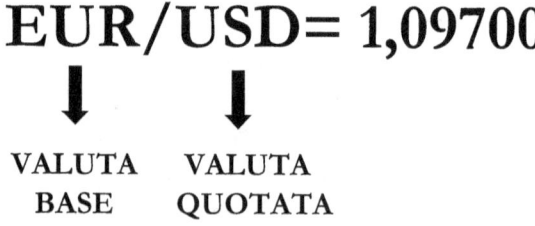

EUR/USD= 1,09700
↓   ↓
**VALUTA   VALUTA
BASE   QUOTATA**

Le valute più negoziate sul mercato Forex sono conosciute come le **"majors"**, che includono:

Dollaro americano (USD): Il dollaro americano è la valuta più negoziata sul mercato Forex. È la valuta di riserva globale e viene utilizzata come valuta di base per molte coppie di valute.

Euro (EUR): L'euro è la seconda valuta più negoziata nel mercato Forex. È la valuta unica dell'Unione europea ed è utilizzata come valuta di base per molte coppie di valute.

Yen giapponese (JPY): Lo yen giapponese è la terza valuta più negoziata nel mercato Forex. È considerata una valuta di rifugio sicuro in tempi di incertezza economica e politica.

Sterlina britannica (GBP): La sterlina britannica è la quarta valuta più negoziata nel mercato Forex. Viene utilizzata come valuta di base per la coppia GBP/USD e viene influenzata da eventi politici nel Regno Unito.

Dollaro canadese (CAD): Il dollaro canadese è la quinta valuta più negoziata nel mercato Forex. Viene influenzato dal prezzo del petrolio, in quanto il Canada è un grande produttore di petrolio.

Franco svizzero (CHF): Il franco svizzero è la sesta valuta più negoziata nel mercato Forex. È considerata una valuta di rifugio sicuro in tempi di incertezza economica e politica, simile allo yen giapponese.

Dollaro australiano (AUD): Il dollaro australiano è la settima valuta più negoziata nel mercato Forex. Viene influenzato dal prezzo delle materie prime, in quanto l'Australia è un grande produttore di materie prime.

Dollaro neozelandese (NZD): Il dollaro neozelandese è l'ottava valuta più negoziata nel mercato Forex. Viene influenzato dal prezzo delle materie prime, in particolare del latte, in quanto l'agricoltura è una grande industria in Nuova Zelanda.

- **Le coppie valutarie minori**

Le coppie valutarie minori nel forex, anche note come cross-valutari, sono coppie di valute che non includono il dollaro statunitense come una delle due valute.

Queste coppie sono spesso composte da valute di paesi con economie meno forti o meno sviluppate rispetto alle principali economie del mondo.

Ad esempio, la coppia EUR/GBP (euro/sterlina britannica) è considerata una coppia valutaria minore, poiché non include il dollaro statunitense. Altre coppie valutarie minori includono AUD/CAD (dollaro australiano/dollaro canadese), NZD/JPY (dollaro neozelandese/yen giapponese) e molti altri.

Le coppie valutarie minori possono essere meno liquide rispetto alle coppie valutarie principali, il che significa che possono essere soggette a maggiori fluttuazioni di prezzo e spread più ampi. Tuttavia, ciò non significa necessariamente che siano meno profittevoli da scambiare. Infatti, alcuni trader preferiscono scambiare coppie valutarie minori poiché possono offrire maggiori opportunità di profitto a causa delle maggiori fluttuazioni di prezzo.

Per fare trading sulle coppie valutarie minori, è importante fare la dovuta ricerca e comprendere le specifiche sfumature di ogni coppia. Ad esempio, alcune coppie valutarie minori possono essere più sensibili a determinati fattori economici, come la politica monetaria o la volatilità del mercato, rispetto ad altre coppie.

- **Codice <<ISO>>**

Ogni valuta ha un proprio codice, in modo da essere identificata facilmente nella coppia. Vengono riportati di seguito i codici per alcune delle principali valute:

 EUR (EURO)

 GBP (STERLINA BRITANNICA)

 USD (DOLLARO AMERICANO)

 CHF (FRANCO SVIZZERO)

 CAD (DOLLARO CANADESE)

 JPY (YEN GIAPPONESE)

 AUD (DOLLARO AUSTRALIANO)

Broker Forex

Scelta del broker Forex

La scelta del broker forex è un passaggio cruciale per chiunque desideri operare nel trading forex.

Un broker forex è un intermediario che permette ai trader di acquistare e vendere valute online, fornendo loro una piattaforma di trading e una serie di strumenti e servizi.

La scelta del broker giusto può influire notevolmente sui risultati ottenuti dal trader, sia in termini di profitto che di perdita.

Ecco alcuni fattori importanti da considerare nella scelta del broker forex:

Regolamentazione: è fondamentale scegliere un broker regolamentato, in quanto ciò garantisce che il broker sia sottoposto a controlli e normative che proteggono gli interessi del trader. Si consiglia di scegliere un broker regolamentato dalle autorità finanziarie più importanti, come **la Financial Conduct Authority (FCA)** del Regno Unito o **la Commodity Futures Trading Commission (CFTC)** degli Stati Uniti.

Sicurezza dei fondi: un broker forex affidabile deve proteggere i fondi dei trader attraverso strumenti di sicurezza, come la segregazione dei conti. Ciò significa che i fondi del trader sono separati dai fondi del broker e che il broker non può utilizzare i fondi del trader per le proprie attività commerciali.

Commissioni e spread: i costi del trading sono un fattore importante nella scelta del broker forex. Ci sono diverse modalità di tariffazione tra i vari broker, tra cui le commissioni e lo spread. Si consiglia di scegliere un broker che applichi costi competitivi e trasparenti.

Piattaforma di trading: la piattaforma di trading è l'ambiente in cui il trader effettuerà le proprie operazioni. È quindi importante scegliere un broker che offra una piattaforma intuitiva, affidabile e personalizzabile. Si consiglia di testare la piattaforma di trading del broker prima di aprire un conto.

Strumenti e servizi: un buon broker forex dovrebbe fornire una serie di strumenti e servizi che aiutano il trader a prendere decisioni informate. Tra questi ci possono essere analisi di mercato, notizie economiche, segnali di trading e altri servizi aggiuntivi.

Supporto clienti: infine, il supporto clienti è un fattore importante nella scelta del broker forex. È importante scegliere un broker che offra un supporto clienti efficiente e professionale, disponibile 24 ore su 24 e 7 giorni su 7.

Regolamentazione dei broker Forex

La regolamentazione dei broker Forex è un tema di grande importanza per chiunque desideri fare trading.
Ci sono diverse agenzie di regolamentazione in tutto il mondo che sono responsabili della supervisione dei broker Forex. Alcune delle agenzie di regolamentazione più importanti includono **la Commodity Futures Trading Commission (CFTC)** negli Stati Uniti, **la Financial Conduct Authority (FCA)** nel Regno Unito**, l'Autorité des marchés financiers (AMF)** in Francia e **l'Australian Securities and Investments Commission (ASIC)** in Australia.
La regolamentazione serve a proteggere i trader e gli investitori da broker disonesti o incompetenti, garantendo che le attività commerciali dei broker siano condotte in modo onesto e trasparente. Inoltre, le agenzie di regolamentazione richiedono che i broker aderiscano a rigide norme di sicurezza finanziaria, compreso l'obbligo di separare i fondi dei clienti da quelli della società, al fine di proteggere i fondi dei clienti in caso di insolvenza del broker.

In generale, la regolamentazione dei broker Forex è essenziale per garantire un mercato Forex sicuro e trasparente per tutti i partecipanti.
Se si sta cercando di fare trading Forex, è importante scegliere un broker regolamentato e di fiducia, al fine di proteggere i propri fondi e avere la migliore esperienza di trading possibile.

Piattaforme di trading Forex

In questo capitolo, esploreremo le diverse piattaforme di trading Forex disponibili e come scegliere quella giusta per le proprie esigenze.

- **Che cos'è una piattaforma di trading Forex?**

Una piattaforma di trading Forex è un software che consente ai trader di acquistare e vendere valute.

Queste piattaforme offrono una vasta gamma di strumenti di analisi tecnica e di trading, tra cui grafici in tempo reale, indicatori di mercato, notizie economiche e molto altro ancora.

- **Come funzionano le piattaforme di trading Forex?**

Le piattaforme di trading Forex funzionano attraverso la connessione a un broker Forex. Questi broker fungono da intermediari tra i trader e il mercato Forex, consentendo ai trader di accedere alle coppie valutarie e di fare trading su di esse. La piattaforma di trading Forex è il mezzo attraverso il quale i trader effettuano le loro operazioni.

- **Quali sono i tipi di piattaforme di trading Forex?**

Ci sono diverse tipologie di piattaforme di trading Forex disponibili sul mercato. Questi includono:

Piattaforme di trading desktop: sono applicazioni scaricabili che consentono ai trader di accedere al mercato Forex direttamente dal proprio computer.

Piattaforme di trading web-based: queste piattaforme di trading Forex sono accessibili tramite un browser web, il che significa che i trader possono accedervi da qualsiasi dispositivo connesso a Internet.

Piattaforme di trading mobile: queste applicazioni consentono ai trader di accedere al mercato Forex tramite dispositivi mobili come smartphone e tablet.

- **Cosa considerare nella scelta di una piattaforma di trading Forex?**

Quando si sceglie una piattaforma di trading Forex, ci sono diversi fattori da considerare, tra cui:

Facilità d'uso: la piattaforma dovrebbe essere facile da usare e intuitiva.

Funzionalità: la piattaforma dovrebbe offrire una vasta gamma di strumenti di analisi tecnica e di trading.

Sicurezza: la piattaforma dovrebbe essere sicura e protetta da crittografia SSL.

Costo: alcune piattaforme di trading Forex sono gratuite, mentre altre richiedono un abbonamento mensile o una commissione sulle operazioni.

Supporto clienti: la piattaforma dovrebbe offrire un servizio clienti affidabile e disponibile per rispondere a eventuali domande o problemi.

- **Quali sono le piattaforme di trading Forex più popolari?**

MetaTrader 4: una piattaforma di trading desktop ampiamente utilizzata che offre una vasta gamma di strumenti di analisi tecnica.

MetaTrader 5: una versione aggiornata di MetaTrader 4 con funzionalità avanzate come l'accesso ai mercati azionari.

cTrader: una piattaforma di trading desktop e mobile che offre una vasta gamma di strumenti di trading e un'interfaccia utente intuitiva.

NinjaTrader: una piattaforma di trading desktop altamente avanzata progettata per soddisfare le esigenze dei trader professionisti. NinjaTrader offre un ambiente di trading completo per coloro che cercano un'esperienza personalizzata e potente.

Strumenti e terminologie fondamentali

Leva finanziaria

La leva finanziaria è uno strumento molto importante nel trading forex e può influenzare notevolmente il risultato delle operazioni effettuate. In questo capitolo, esploreremo il concetto di leva finanziaria nel forex, i vantaggi e gli svantaggi dell'utilizzo della leva finanziaria e le possibili strategie per gestirla.

La leva finanziaria è uno strumento che consente di moltiplicare l'importo del capitale a disposizione per effettuare operazioni sul mercato. Con la leva finanziaria, un trader può aprire posizioni di trading di valore superiore rispetto al capitale effettivamente disponibile. Ad esempio, con una leva finanziaria di 1:100, un trader può aprire una posizione di 100.000 euro con un deposito iniziale di soli 1.000 euro.

La leva finanziaria nel forex è un fattore importante poiché il mercato forex è caratterizzato da fluttuazioni dei prezzi relativamente piccole rispetto ad altre forme di trading, inoltre può quindi consentire ai trader di generare maggiori profitti con un capitale relativamente limitato.

Il principale vantaggio dell'utilizzo della leva finanziaria nel forex è che consente ai trader di accedere a maggiori opportunità di profitto rispetto a quanto sarebbe possibile con il capitale effettivamente disponibile.

Ciò significa che i trader possono trarre vantaggio dalle fluttuazioni dei tassi di cambio anche con un capitale relativamente limitato.

Tuttavia, l'utilizzo della leva finanziaria comporta anche dei rischi. Se le operazioni non vanno come previsto, i trader possono subire perdite molto più elevate rispetto al loro deposito iniziale.

Ciò significa che l'utilizzo della leva finanziaria può anche aumentare il rischio di perdita del capitale.

Per gestire la leva finanziaria, i trader possono adottare alcune strategie. Una delle strategie più comuni è quella di utilizzare stop loss per limitare le perdite in caso di movimenti di mercato avversi. Inoltre, i trader possono utilizzare una leva più conservativa, evitando di utilizzare le leve più elevate disponibili e scegliendo invece le leve più basse.

In conclusione, la leva finanziaria effettivamente è il miglior alleato di un trader quando viene utilizzata con attenzione, ed al contrario un nemico formidabile quando viene utilizzato impulsivamente.

Si tratta di un ottimo strumento per aumentare i profitti, ma è importante tenere sempre a mente che con una leva più alta persiste anche un rischio maggiore.

Spread

Lo spread è una componente importante nel trading finanziario poiché rappresenta la differenza tra il prezzo di acquisto e il prezzo di vendita di un asset come una coppia di valute, un'azione o una materia prima.

Nel trading forex, lo spread viene espresso in pips, ovvero la quarta cifra decimale nel prezzo di una coppia di valute.

Questo valore può variare in base alla liquidità del mercato e alla volatilità degli asset negoziati.

Solitamente, gli asset con maggiore liquidità, come le principali coppie di valute, tendono ad avere spread più bassi, mentre quelli con minor liquidità, come le coppie di valute esotiche, hanno spread più elevati.

Lo spread è un costo significativo nell'operatività del trading e può influire sul risultato delle operazioni effettuate.

Ad esempio, se un trader apre una posizione di acquisto su una coppia di valute con uno spread di 2 pips e chiude la posizione quando lo spread è di 1 pip, il trader subirà una perdita di 1 pip a causa dello spread.

Per limitare i costi di trading, i trader possono scegliere asset con spread più bassi e utilizzare strategie appropriate.

È importante considerare che lo spread può variare anche durante l'operazione e quindi è fondamentale monitorare costantemente l'andamento dei prezzi.

In sintesi, lo spread rappresenta un costo significativo per i trader e va tenuto in considerazione nella scelta degli asset e nella pianificazione delle strategie di trading.

Un'analisi attenta della liquidità del mercato e della volatilità degli asset può aiutare i trader a limitare i costi di trading e a ottenere migliori risultati nelle proprie operazioni.

Lotto

I lotti sono un'unità di misura utilizzata nel trading finanziario per quantificare il valore dell'operazione. Nel mercato forex, i lotti si riferiscono alla quantità di valuta che viene acquistata o venduta.

Esistono tre tipi di lotti utilizzati nel trading forex: il lotto standard, il mini lotto e il micro lotto. Un lotto standard corrisponde a 100.000 unità della valuta di base, mentre un mini lotto corrisponde a 10.000 unità e un micro lotto a 1.000 unità.

Ad esempio, se un trader apre una posizione di acquisto su EUR/USD per un lotto standard, significa che il trader sta acquistando 100.000 euro contro il dollaro americano.

Se il prezzo dell'EUR/USD aumenta di 1 pip, il trader guadagnerà 10 dollari.

Il valore di un pip dipende dal tipo di valuta in cui viene effettuata l'operazione e dal lotto utilizzato. Ad esempio, per un lotto standard di EUR/USD, un pip vale 10 dollari, mentre per un mini lotto di EUR/USD, un pip vale 1 dollaro.

I lotti consentono ai trader di gestire il rischio delle proprie operazioni. Un trader può decidere di aprire una posizione con un lotto più grande o più piccolo a seconda della propria strategia di trading e del proprio profilo di rischio.

Tuttavia, è importante notare che l'utilizzo di lotti più grandi può aumentare il rischio di perdite maggiori, mentre l'utilizzo di lotti più piccoli può ridurre il rischio ma anche il potenziale di guadagno.

Inoltre, i lotti possono essere utilizzati anche per gestire la leva finanziaria. La leva finanziaria permette ai trader di effettuare operazioni con un valore nominale maggiore rispetto al capitale disponibile. Ad esempio, utilizzando una leva di 1:100, un trader con un capitale di 1.000 dollari può effettuare operazioni con un valore nominale di 100.000 dollari.

In sintesi, l'uso dei lotti deve essere basato su una corretta gestione del rischio e della leva finanziaria, considerando il proprio profilo di rischio e le proprie strategie di trading.

PIP

Il pip è un'unità di misura fondamentale nel trading finanziario che indica la più piccola variazione di prezzo in un determinato strumento finanziario, come le coppie di valute nel mercato forex.

Il termine "pip" è un acronimo che sta per **"point in percentage"**, e rappresenta la quarta cifra decimale nella quotazione di una coppia di valute nel mercato forex.

Ad esempio, se il prezzo di una coppia di valute passa da 1,2345 a 1,2346, questo significa che il prezzo è aumentato di 1 pip.

Il valore di un pip dipende dal tipo di valuta e dal lotto utilizzato nell'operazione, solitamente per le coppie di valute negoziate in dollari statunitensi, un pip un valore di 10 dollari per un lotto standard, 1 dollaro per un mini lotto e 0,10 dollari per un micro lotto. Tuttavia, è importante notare che il valore di un pip può variare a seconda del broker, del tipo di conto e della leva finanziaria utilizzata.

Per calcolare il valore di un pip, si moltiplica il valore del lotto per il numero di pips guadagnati o persi nell'operazione. Ad esempio, se un trader apre una posizione di acquisto su EUR/USD per un lotto standard a 1,2345 e il prezzo sale a 1,2355, il trader ha guadagnato 10 pips, il che corrisponde a un profitto di 100 dollari (10 pips x 10 dollari per pip per un lotto standard di EUR/USD).

È importante sottolineare che il valore di un pip non è sufficiente per giudicare la qualità di un'operazione.

La scelta del lotto, della leva finanziaria e della strategia di trading possono infatti influire notevolmente sul risultato finale dell'operazione.

ESEMPIO:

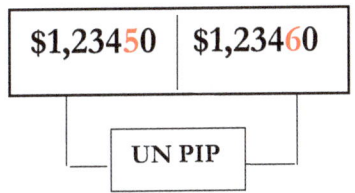

Time Frame

In termini semplici, un time frame rappresenta l'intervallo di tempo che viene utilizzato per visualizzare i dati di prezzo di un'attività finanziaria sul grafico di un'interfaccia di trading. Un time frame può variare da un minuto a una settimana o più ed ognuno di essi mostra lo stesso grafico di prezzo, ma con una diversa scala temporale.

Per esempio, se si utilizza un time frame di 1 minuto, ogni candela (o barra) rappresenta un minuto di dati di prezzo dell'attività finanziaria. Se invece si utilizza un time frame di 1 giorno, ogni candela rappresenta un'intera giornata di dati di prezzo.

Esistono vari time frame utilizzati nel trading, a seconda del trader e della strategia utilizzata. Ecco i più comuni:

Time frame a breve termine (Short-Term)

I time frames a breve termine sono quelli che vanno dai 5 ai 15 minuti. Questi time frames sono utilizzati dai trader che preferiscono fare trading intraday o day trading.

Gli indicatori utilizzati su questi time frame forniscono segnali di entrata e di uscita rapidi e precisi.

Time frame a medio termine (Mid-Term)

I time frames a medio termine vanno dai 30 minuti alle 4 ore. Questi time frames sono utilizzati dai trader che preferiscono fare trading swing, ovvero mantenere le posizioni aperte per alcuni giorni o addirittura alcune settimane.

Time frame a lungo termine (Long-Term)

I time frames a lungo termine vanno dalle 4 ore alle settimane o mesi. Questi sono utilizzati dai trader che preferiscono fare trading di posizione.

Questi trader cercano di individuare i trend di lungo periodo e tengono le loro posizioni aperte per settimane o mesi.

- **Come selezionare il "time frame"?**

La scelta del time frame dipende dalle preferenze del trader e dalla sua strategia di trading. I trader che preferiscono fare trading intraday utilizzano i time frames a breve termine, mentre quelli che preferiscono fare trading di posizione utilizzano quelli a lungo termine.

Inoltre, è possibile utilizzare più di un time frame contemporaneamente per analizzare il mercato in modo più completo. Ad esempio, si può utilizzare un time frame a breve termine per individuare i punti di ingresso e di uscita, e un time frame a lungo termine per comprendere la direzione generale del trend.

In generale, è consigliabile selezionare il time frame in base alla propria esperienza e alle proprie capacità di analisi del mercato.

Un trader principiante potrebbe iniziare con un time frame a breve termine per acquisire esperienza, mentre un trader più esperto potrebbe preferire un time frame a medio o lungo termine per sfruttare meglio le opportunità di trading.

È importante selezionare un time frame che sia coerente con la propria strategia e con il proprio stile di trading.

Sessioni di trading

È importante notare che l'orario di apertura e chiusura delle sessioni forex varia a seconda del fuso orario, del cambio dell'ora legale e di altri fattori. In Italia, ad esempio, il mercato forex è disponibile dalle 23:00 di domenica alle 22:00 di venerdì.

Mentre è possibile operare in qualsiasi momento, la liquidità e la volatilità variano durante le diverse sessioni in base all'ingresso degli operatori istituzionali delle rispettive nazioni. **Nel mercato globale del forex, vi sono 4 "sessioni":**

- australiana
- asiatica
- europea
- americana

Ciò significa che i trader potrebbero preferire operare in una sessione rispetto a un'altra a seconda delle loro strategie di trading.

Di seguito è presente una tabella che illustra gli orari di apertura e chiusura di ogni sessione in modo chiaro e preciso:

SESSIONE	Orario di apertura	Orario di chiusura
AUSTRALIANA	23:00	07:00
ASIATICA	01:00	09:00
EUROPEA	09:00	17:00
AMERICANA	14:00	22:00

*ORA ITALIANA-ORA LEGALE INVERNALE

- **Sessione australiana e asiatica**

Il mercato forex inizia ad operare alle 23:00 con l'apertura di Sydney, seguita due ore dopo dall'apertura di Tokyo.
Queste sono rispettivamente le sessioni australiana (che comprende l'Oceania) e asiatica (rappresentante tutte le nazioni asiatiche).
Queste sessioni si estendono per tutta la notte italiana, con chiusura alle 7:00 e 9:00 del mattino. Durante queste ore, i volumi di scambio sono mediamente bassi e il mercato tende ad essere piuttosto stabile, con poche variazioni di prezzo.
A volte, a causa della mancanza di volumi, il prezzo può scendere durante la notte.
Durante queste sessioni, il mercato tende a consolidare trend già esistenti o a rimanere in una fase laterale. Raramente si verificano inversioni di trend, rotture di importanti supporti o resistenze o nuovi massimi/minimi.

- **Sessione europea**

La sessione di mercato di Londra apre alle 9:00 del mattino ed è la più rilevante per i trader. In questa sessione, i volumi di scambio sono molto elevati e la volatilità dei prezzi aumenta fino alle 14:00, quando si verifica un'ulteriore impennata con l'apertura della borsa di New York.
La sessione europea rappresenta il momento migliore per individuare nuovi trend di mercato. Un analista esperto può cogliere le opportunità fin dall'inizio e conseguire profitti notevoli.
I cambi più scambiati durante questa sessione sono l'euro, la sterlina e il franco svizzero.
In particolare, si opera sulle seguenti coppie di valute:
EUR/USD, EUR/GBP, GBP/USD e USD/CHF.

- **Sessione americana**

La sessione di mercato americana (rappresentata dalla borsa di New York) apre dalle 14:00 alle 22:00.
Le prime quattro ore di questa sessione sono caratterizzate da una volatilità e volumi di scambio molto elevati, poiché si sovrappongono alla sessione europea, ancora attiva.
Dalle 18:00 alle 19:00, i volumi di scambio diminuiscono poiché la sessione europea chiude.
Durante la sessione americana, è consigliabile operare su tutte le coppie di valute che includono il dollaro americano (in particolare EUR/USD e GBP/USD). L'analisi deve concentrarsi sulla comprensione della forza del dollaro rispetto alle altre valute. Se si ritiene che il dollaro sia debole, si possono cercare opportunità di trading contro il dollaro, ad esempio cercando di individuare un nuovo trend all'inizio.

- **Sovrapposizioni di più sessioni**

Esistono tre fasce orarie durante le quali due sessioni di mercato tendono a sovrapporsi.
Ecco di seguito le relative informazioni:

Londra – New York: questa sovrapposizione avviene dalle 14 alle 17. Durante queste ore, i volumi di scambio aumentano notevolmente, portando ad un aumento della volatilità dei prezzi. Come abbiamo già osservato in precedenza, questa sovrapposizione è particolarmente significativa per il mercato.
Sydney – Tokyo: la sovrapposizione tra queste due sessioni avviene dalle 23 alle 8.
Londra – Tokyo: la sovrapposizione tra queste due sessioni avviene dalle 9 alle 10.

Analisi Fondamentale & Analisi Tecnica

Introduzione

Le strategie di trading possono essere sviluppate utilizzando sia **l'analisi fondamentale** che **l'analisi tecnica**, o una combinazione di entrambe. Ad esempio, una strategia di trading potrebbe basarsi sull'analisi fondamentale di un evento economico imminente, come una riunione della banca centrale, e sull'analisi tecnica di un grafico dei prezzi per identificare il momento migliore per entrare o uscire dal mercato.

Analisi fondamentale

L'analisi fondamentale è una tecnica di analisi che si concentra sullo studio dei fattori economici, finanziari e geopolitici che possono influire sul valore di un'attività finanziaria, come una valuta.
Ecco alcuni dei principali aspetti dell'analisi fondamentale:

Indicatori economici: l'analisi fondamentale utilizza una serie di indicatori economici, come il tasso di interesse, il tasso di disoccupazione, il PIL e l'inflazione, per valutare la forza dell'economia di un paese. I dati economici possono fornire una visione d'insieme sulla salute economica del paese e sulla direzione in cui si muove l'economia.
Politica monetaria: la politica monetaria è un altro fattore fondamentale che può influenzare il valore di una valuta.
Le decisioni della banca centrale in merito ai tassi di interesse e alla quantità di denaro in circolazione possono avere un impatto significativo sulle valute. Ad esempio, un aumento dei tassi di interesse può rendere una valuta più attraente per gli investitori, portando ad un apprezzamento della valuta.

Geopolitica: gli eventi geopolitici, come le elezioni, le crisi politiche e le tensioni commerciali, possono avere un impatto significativo sulle valute. Ad esempio, le tensioni commerciali tra due paesi possono portare ad una diminuzione del commercio tra di essi e, di conseguenza, ad una diminuzione della domanda di valute dei due paesi.

Analisi del mercato: l'analisi fondamentale può anche includere l'analisi dei fattori che influenzano il mercato globale, come i prezzi delle materie prime, i tassi di interesse globali e le tendenze economiche globali.

Questi fattori possono influenzare la domanda di valute specifiche e, di conseguenza, il loro valore.

Valutazione dell'azienda: nell'analisi fondamentale delle azioni, gli investitori utilizzano la valutazione dell'azienda per determinare se il prezzo dell'azione è giustificato.

La valutazione dell'azienda include l'analisi dei bilanci, dei guadagni, dei flussi di cassa e delle prospettive future dell'azienda.

L'analisi fondamentale può essere utilizzata da trader e investitori per determinare il valore intrinseco di un'attività finanziaria e per valutare se un'attività finanziaria è sottovalutata o sopravvalutata rispetto al suo valore reale. Tuttavia, l'analisi fondamentale da sola potrebbe non essere sufficiente per prendere decisioni di trading a breve termine e può richiedere una conoscenza approfondita dell'economia globale e dei mercati finanziari.

Gli indicatori economici

Gli indicatori economici sono statistiche che forniscono informazioni sulla salute economica di un paese e sono utilizzati nell'analisi fondamentale per valutare l'impatto potenziale sui mercati finanziari, compreso il forex trading.
I più importanti indicatori economici sono:

Tasso di interesse: Il tasso di interesse è una delle statistiche economiche più importanti e rappresenta il costo del denaro. Quando i tassi di interesse aumentano, di solito la valuta del paese in questione si apprezza rispetto alle altre valute, poiché i rendimenti diventano più alti e quindi più attraenti per gli investitori. Al contrario, quando i tassi di interesse diminuiscono, la valuta del paese in questione di solito si deprezza rispetto alle altre valute.

Rapporto di disoccupazione: Il rapporto di disoccupazione è un indicatore che fornisce informazioni sulla percentuale di persone disoccupate in un paese. Se il tasso di disoccupazione è basso, ciò indica generalmente una forte economia e una domanda di beni e servizi, che può portare ad un aumento della valuta del paese in questione. Al contrario, un alto tasso di disoccupazione può indicare una debolezza economica e una diminuzione della domanda di beni e servizi, che può portare ad una diminuzione della valuta del paese.

PIL (Prodotto Interno Lordo): Il PIL rappresenta il valore totale dei beni e dei servizi prodotti in un paese in un determinato periodo di tempo. Un PIL forte può indicare una forte economia e una domanda di beni e servizi, che può portare ad un aumento della valuta del paese in questione. Al contrario, un PIL debole può indicare una debolezza economica e una diminuzione della domanda di beni e servizi, che può portare ad una diminuzione della valuta del paese.

Inflazione: L'inflazione è un indicatore che fornisce informazioni sul tasso di aumento dei prezzi dei beni e dei servizi in un paese. Un tasso di inflazione alto può portare alla riduzione del valore della valuta del paese in questione, poiché la domanda di beni e servizi diminuisce. Al contrario, un tasso di inflazione basso può portare all'aumento del valore della valuta del paese, poiché la domanda di beni e servizi aumenta.

Bilancia commerciale: La bilancia commerciale rappresenta la differenza tra le esportazioni e le importazioni di un paese. Se un paese esporta più di quanto importa, la bilancia commerciale è positiva e ciò di solito indica una forte economia e una domanda di valuta del paese in questione. Al contrario, se un paese importa più di quanto esporta, la bilancia commerciale è negativa e ciò di solito indica una debolezza economica e una diminuzione della domanda di valuta del paese.

Questi sono solo alcuni degli indicatori economici più importanti utilizzati nell'analisi fondamentale.

La politica monetaria

La politica monetaria è uno dei fattori fondamentali che influenzano il mercato del forex. La politica monetaria è l'insieme delle decisioni prese dalla banca centrale di un paese per controllare la quantità di denaro in circolazione e il costo del denaro. Ecco alcuni dei modi in cui la politica monetaria può influenzare il forex:

Tassi di interesse: La banca centrale di un paese può decidere di aumentare o diminuire i tassi di interesse per controllare la quantità di denaro in circolazione e l'inflazione. Un aumento dei tassi di interesse può rendere la valuta del paese più attraente per gli investitori stranieri, aumentando quindi la domanda di quella valuta e il suo valore sul mercato del forex. Al contrario, una diminuzione dei tassi di interesse può rendere la valuta del paese meno attraente per gli investitori stranieri, diminuendo la domanda di quella valuta e il suo valore sul mercato del forex.

Quantitative easing: La banca centrale di un paese può anche utilizzare la politica monetaria per aumentare la quantità di denaro in circolazione mediante il programma di "quantitative easing". Questo programma prevede l'acquisto di obbligazioni governative e di altri strumenti finanziari per aumentare la liquidità e stimolare l'economia. L'effetto di ciò è spesso una diminuzione del valore della valuta del paese sul mercato del forex.

Riserva di valuta estera: Alcune banche centrali mantengono una riserva di valuta estera per sostenere la loro valuta e controllare la sua volatilità sul mercato del forex. Quando la banca centrale compra la sua valuta sul mercato del forex, la domanda per quella valuta aumenta e il suo valore aumenta.

Al contrario, quando la banca centrale vende la sua valuta sul mercato del forex, la domanda per quella valuta diminuisce e il suo valore diminuisce.

Conferenze stampa della banca centrale: La banca centrale di un paese può anche influenzare il mercato del forex attraverso le sue conferenze stampa, in cui fornisce informazioni sulla politica monetaria e sulle sue future decisioni. Gli investitori e i trader nel mercato del forex monitorano attentamente queste conferenze stampa per ottenere informazioni sull'andamento futuro della politica monetaria e sul possibile impatto sul valore della valuta del paese.

In generale, la politica monetaria ha un forte impatto sul mercato del forex, in quanto può influenzare il costo del denaro e la quantità di denaro in circolazione.

La geopolitica

La geopolitica è un altro fattore importante che influenza il mercato del forex. La geopolitica si riferisce alla relazione tra gli eventi politici e le questioni geografiche e la loro influenza sulle relazioni tra i paesi.

Ecco alcuni dei modi in cui la geopolitica può influenzare il mercato del forex:

Instabilità politica: La stabilità politica di un paese è un fattore importante che influenza la fiducia degli investitori e dei trader nel mercato del forex. Quando un paese è in stato di crisi politica o di instabilità, gli investitori possono diventare riluttanti ad investire in quel paese, il che può portare alla diminuzione della domanda di quella valuta e quindi al suo valore sul mercato del forex.

Guerre e conflitti: Le guerre e i conflitti tra paesi possono influenzare il mercato del forex in modo significativo. Gli eventi di guerra possono portare ad un aumento della volatilità e dell'incertezza sui mercati finanziari, il che può portare ad una diminuzione della domanda di una valuta e quindi al suo valore.

Risorse naturali: L'abbondanza o la scarsità di risorse naturali in un paese può influenzare la sua valuta. Ad esempio, un paese che ha molte risorse naturali come il petrolio o il gas naturale, può vedere la sua valuta aumentare di valore quando i prezzi di queste risorse aumentano.

Relazioni commerciali internazionali: Le relazioni commerciali tra i paesi possono influenzare il mercato del forex. Quando i paesi hanno relazioni commerciali positive, la domanda per le loro valute può aumentare.

Al contrario, quando i paesi hanno relazioni commerciali negative o in conflitto, la domanda per le loro valute può diminuire.

Politiche commerciali e monetarie: Le politiche commerciali e monetarie adottate dai governi possono influenzare il valore della loro valuta sul mercato del forex. Ad esempio, se un governo adotta politiche protezionistiche, come l'imposizione di dazi doganali o di barriere commerciali, la sua valuta potrebbe diminuire di valore. Al contrario, se un governo adotta politiche monetarie restrittive, come l'aumento dei tassi di interesse, la sua valuta potrebbe aumentare di valore.

In generale, la geopolitica ha un forte impatto sul mercato del forex, in quanto può influenzare la stabilità economica e politica di un paese e quindi la sua valuta.

Calendario economico e impatto degli eventi

Il calendario economico è uno strumento fondamentale per i trader nel mercato forex. Esso fornisce una panoramica completa degli eventi economici e degli annunci di notizie che avranno luogo in diverse regioni del mondo.

Il calendario elenca le date, gli orari e l'importanza di ogni evento, consentendo ai trader di pianificare le proprie strategie di trading in modo tempestivo e informato.

La conoscenza degli eventi economici imminenti è cruciale perché molte decisioni di trading si basano su questi eventi. Gli annunci di notizie possono influenzare notevolmente l'andamento dei mercati finanziari, compreso il mercato forex. A seconda della natura e dell'entità dei dati macroeconomici, i prezzi delle valute possono subire brusche variazioni o fluttuazioni più contenute.

Gli eventi economici possono essere classificati in base alla loro importanza. Alcuni di questi dati sono considerati "di grande impatto" e sono particolarmente significativi per i mercati finanziari. Questi includono i dati sul tasso di interesse, l'inflazione, la disoccupazione, il PIL e le decisioni di politica monetaria delle banche centrali. Altri eventi, come le conferenze stampa dei rappresentanti delle banche centrali o i discorsi dei leader politici, possono anche avere un impatto notevole sui mercati.

Il modo in cui un evento economico influisce sul mercato forex dipende da una serie di fattori. In primo luogo, c'è l'aspettativa del mercato, infatti i trader e gli investitori analizzano attentamente i dati economici precedenti e formulano previsioni sulle future performance economiche. Se l'annuncio corrisponde alle aspettative, l'effetto sull'andamento delle valute potrebbe essere limitato.

Tuttavia, se i dati sono migliori o peggiori del previsto, ciò potrebbe generare una reazione più pronunciata.

In secondo luogo, l'importanza dell'evento economico e la sua rilevanza per l'economia del paese in questione possono determinare l'entità dell'impatto sul mercato forex.

Ad esempio, se si tratta di un dato economico che offre indicazioni sulla salute dell'economia di un paese molto influente, come gli Stati Uniti, l'impatto sul mercato globale potrebbe essere significativo.

È importante notare che gli effetti degli eventi economici sul mercato forex possono essere temporanei o a lungo termine. Alcuni annunci potrebbero innescare movimenti di prezzo immediati e decisi, mentre altri potrebbero avere un impatto graduale nel corso del tempo.

Per i trader, il calendario economico diventa uno strumento essenziale per monitorare gli eventi e adattare le proprie strategie di trading di conseguenza. È fondamentale avere una conoscenza approfondita degli indicatori economici chiave e dei loro impatti potenziali sulle valute. I trader devono essere pronti a reagire rapidamente agli annunci di notizie e considerare l'opportunità di posizionarsi prima, durante o dopo l'evento in base alla loro strategia di trading individuale.

La chiave per sfruttare al meglio gli eventi economici nel trading forex è la pianificazione e la preparazione.

I trader devono monitorare attentamente il calendario economico ed identificare gli annunci di notizie che potrebbero avere un impatto significativo sulle valute che stanno negoziando.

Quantitative easing

La "quantitative easing" (QE) è una politica monetaria non convenzionale adottata dalle banche centrali per stimolare l'economia e combattere la deflazione. In generale, la politica monetaria consiste nel controllo dell'offerta di denaro e del costo del denaro per influenzare l'attività economica.

Nel caso del QE, la banca centrale acquista grandi quantità di attività finanziarie, come obbligazioni governative o corporate, dal mercato aperto con denaro che viene creato dal nulla. L'obiettivo principale del QE è quello di aumentare la liquidità nell'economia e di spingere i tassi di interesse a livelli più bassi, in modo da stimolare gli investimenti, la spesa e l'occupazione.

In termini di effetto sul mercato, l'acquisto di grandi quantità di attività finanziarie da parte della banca centrale aumenta la domanda per tali asset, facendo salire il loro prezzo e abbassando il loro rendimento. Questo a sua volta riduce i tassi di interesse sul mercato e facilita l'accesso al credito per le imprese e i consumatori.

Il QE è stato adottato dalle principali banche centrali del mondo durante la crisi finanziaria globale del 2008-2009 e successivamente durante la crisi del debito sovrano europeo. Tuttavia, il QE può avere anche degli effetti indesiderati, come l'aumento dell'inflazione o la creazione di bolle speculative nel mercato finanziario. Inoltre, la politica monetaria non può risolvere tutti i problemi economici, come la bassa produttività o la disuguaglianza.

Manipolazione di mercato e Wash trading

La manipolazione di mercato è una pratica illegale che consiste nell'influenzare i prezzi degli asset in modo fraudolento.
Tale pratica viene perseguita dalle autorità di regolamentazione finanziaria in tutto il mondo.
Ci sono diverse tecniche utilizzate per manipolare il mercato, tra cui il wash trading, la creazione di ordini falsi, la diffusione di notizie false o imprecise e la manipolazione dei tassi di interesse o dei tassi di cambio.
Queste tecniche possono essere utilizzate da singoli operatori, gruppi di operatori o istituzioni finanziarie.
In particolare, le banche possono utilizzare **il wash trading** per manipolare i tassi di cambio durante il fixing, un processo quotidiano in cui le banche stesse stabiliscono i tassi di cambio di riferimento per diverse coppie di valute. Poiché questi tassi di cambio di riferimento sono utilizzati come base per una vasta gamma di transazioni, tra cui contratti futures, opzioni e swap, le banche possono trarre vantaggio dalla manipolazione dei tassi di cambio per ottenere profitti a spese dei loro clienti.
Il wash trading consiste nell'acquistare e vendere gli stessi asset simultaneamente per creare un falso sentimento di mercato. **La creazione di ordini falsi** consiste nell'inserire grandi quantità di ordini di acquisto o di vendita su un asset senza l'intenzione di eseguirli. **La diffusione di notizie false o imprecise** consiste nell'informare il mercato di informazioni errate o esagerate sui fondamentali di un asset o sulle condizioni del mercato.
La manipolazione dei tassi di interesse o dei tassi di cambio consiste nell'alterare i tassi di interesse o i tassi di cambio per influenzare i prezzi degli asset.

Tuttavia, la pratica del wash trading e della manipolazione del mercato del forex sono illegali e sono previste severe sanzioni per coloro che vengono sorpresi a commettere questi reati.

Le autorità di regolamentazione finanziaria, come la Financial Conduct Authority (FCA) nel Regno Unito e la Commodity Futures Trading Commission (CFTC) negli Stati Uniti, hanno introdotto misure di regolamentazione più rigorose per combattere la manipolazione del mercato.

Ad esempio, la FCA ha imposto multe per un totale di £1,1 miliardi a cinque banche internazionali nel 2014, in seguito a un'indagine sull'accordo di manipolazione del tasso di cambio FX.

La manipolazione di mercato danneggia l'integrità del mercato e dei suoi partecipanti.

Le autorità di regolamentazione finanziaria hanno adottato una serie di misure per combattere la manipolazione di mercato, tra cui l'implementazione di misure di regolamentazione più rigorose, l'introduzione di sistemi di monitoraggio sofisticati e l'imposizione di sanzioni e multe severe ai trasgressori.

Analisi Tecnica

L'analisi tecnica è una tecnica di analisi di mercato che si basa sulla lettura dei grafici e dei dati di prezzo storici per identificare i pattern e le tendenze che si possono verificare in futuro. Nel trading forex, l'analisi tecnica è utilizzata per individuare i punti di ingresso e di uscita dal mercato, nonché per definire i livelli di **stop loss** e **take profit**.

L'analisi tecnica si basa sulla teoria che i movimenti dei prezzi del mercato si ripetono nel tempo. Gli analisti tecnici utilizzano gli indicatori tecnici, come **le medie mobili, gli oscillatori e le bande di Bollinger**, per identificare i punti di ingresso e di uscita nel mercato. Questi indicatori sono basati su formule matematiche che analizzano i dati di prezzo storici per individuare le tendenze di mercato.

I trader che utilizzano l'analisi tecnica cercano di identificare i seguenti elementi:

Trend: si riferisce alla direzione generale del mercato, che può essere al rialzo, al ribasso o laterale.

Supporti e resistenze: i livelli di supporto sono i prezzi in cui il mercato ha avuto difficoltà a scendere al di sotto in passato, mentre i livelli di resistenza sono i prezzi in cui il mercato ha avuto difficoltà a salire al di sopra in passato.

Pattern di prezzo: si riferiscono a configurazioni specifiche di candele o di altri indicatori che possono prevedere i movimenti futuri del mercato.

Indicatori tecnici ed Expert Advisors: sono strumenti matematici che utilizzano i dati di prezzo storici per generare segnali di trading.

L'analisi tecnica è spesso utilizzata insieme all'analisi fondamentale per fornire una visione completa del mercato forex. I trader possono utilizzare l'analisi tecnica per individuare i punti di ingresso e di uscita dal mercato, mentre l'analisi fondamentale può fornire una comprensione dei fattori economici e politici che influenzano il mercato.

In generale, l'analisi tecnica richiede una conoscenza approfondita dei grafici e degli indicatori tecnici, nonché una capacità di identificare le tendenze di mercato e di adattarsi ai cambiamenti nel mercato stesso.

Molti trader utilizzano l'analisi tecnica insieme alla gestione del rischio per minimizzare le perdite e massimizzare i profitti.

Il trend e come individuarlo

Il trend è la direzione generale del movimento dei prezzi di una coppia di valute nel mercato forex. Essere in grado di individuare il trend è importante per i trader, poiché consente loro di prendere decisioni di trading e di massimizzare i profitti.

Ci sono tre tipi di tendenze nel mercato forex:

Tendenza al rialzo (up trend): si verifica quando il prezzo di una coppia di valute si muove costantemente in direzione al rialzo, formando una serie di massimi e minimi crescenti. Questo indica che la domanda è superiore all'offerta.

Tendenza al ribasso (down trend): si verifica quando il prezzo di una coppia di valute si muove costantemente in direzione al ribasso, formando una serie di massimi e minimi decrescenti. Questo indica che l'offerta è superiore alla domanda.

Tendenza laterale (range-bound trend): si verifica quando il prezzo di una coppia di valute si muove in un intervallo limitato di prezzi, senza una direzione ben definita.

Per individuare il trend, i trader possono utilizzare diverse tecniche, tra cui:

Analisi visiva: questa tecnica implica l'osservazione diretta dei grafici delle coppie di valute per individuare le tendenze.
I trader cercano di identificare i massimi e i minimi del prezzo per determinare se il mercato sta attualmente in un trend al rialzo o al ribasso.

Utilizzo di medie mobili: le medie mobili sono strumenti di analisi tecnica che mostrano il prezzo medio di una coppia di valute su un determinato periodo di tempo.
I trader utilizzano spesso le medie mobili per identificare i trend al rialzo o al ribasso. Se la media mobile a 50 giorni è al di sopra della media mobile a 200 giorni, ciò indica un trend al rialzo, mentre se la media mobile a 50 giorni è al di sotto della media mobile a 200 giorni, ciò indica un trend al ribasso.

Indicatori di momentum: gli indicatori di momentum, come l'indice di forza relativa (RSI), il MACD (Moving Average Convergence Divergence), sono strumenti utilizzati per misurare la forza e la velocità del movimento dei prezzi.
I trader utilizzano spesso questi indicatori per identificare i punti di ingresso e di uscita nel mercato.

In generale, l'individuazione del trend è importante per i trader perché consente loro di prendere decisioni di trading più informate e di massimizzare i profitti.

I livelli di supporto e resistenza

I livelli di supporto e resistenza sono uno degli strumenti più importanti per l'analisi tecnica del trading forex. Questi livelli sono fondamentali per i trader che vogliono identificare i punti in cui il prezzo di una coppia di valute può invertire la sua direzione.

In questo capitolo, esploreremo cosa sono i livelli di supporto e resistenza nel trading forex, come vengono calcolati e come vengono utilizzati dai trader.

- **Definizione di supporto e resistenza nel trading**

Il livello di supporto nel trading forex è il punto in cui il prezzo di una coppia di valute tende a fermarsi durante una tendenza al ribasso. In altre parole, il livello di supporto è il prezzo al quale ci si aspetta che i trader comprino la coppia di valute, in quanto considerato "a buon mercato".
Quando il prezzo raggiunge il livello di supporto, il numero di acquirenti aumenta, il che impedisce ulteriori cali del prezzo.
Al contrario, il livello di resistenza nel trading forex è il punto in cui il prezzo di una coppia di valute tende a fermarsi durante una tendenza al rialzo. In altre parole, il livello di resistenza è il prezzo al quale ci si aspetta che i trader vendano la coppia di valute, in quanto considerato "costoso". Quando il prezzo raggiunge il livello di resistenza, il numero di venditori aumenta, il che impedisce ulteriori aumenti del prezzo.

- **Come individuare i livelli di supporto e resistenza**

I livelli di supporto e resistenza nel trading forex vengono calcolati utilizzando l'analisi tecnica del mercato forex. I trader utilizzano una serie di strumenti tecnici, come **le medie mobili, le bande di Bollinger e i livelli di Fibonacci**, per identificare i livelli di supporto e resistenza.

Una volta identificati i livelli di supporto e resistenza, i trader li utilizzano per gestire al meglio le loro operazioni sul mercato. Se il prezzo di una coppia di valute si avvicina al livello di supporto, possono decidere di acquistare la coppia di valute, in quanto si aspettano che il prezzo si inverta e inizi a salire. Allo stesso modo, se il prezzo di una coppia di valute si avvicina al livello di resistenza, i trader possono decidere di vendere la coppia di valute, in quanto si aspettano che il prezzo si inverta e inizi a scendere.

- **Come utilizzare i livelli di supporto e resistenza**

I livelli di supporto e resistenza nel trading forex sono utilizzati dai trader in una varietà di modi. Ad esempio, i trader possono utilizzare i livelli di supporto e resistenza per identificare i punti di ingresso e di uscita per i loro trades. Inoltre, i livelli di supporto e resistenza possono essere utilizzati per impostare gli ordini di stop loss e di take profit.

Questi livelli possono essere utilizzati per identificare le tendenze di lungo termine e di breve termine. Se il prezzo di una coppia di valute sta toccando frequentemente il livello di supporto, questo può indicare che la coppia di valute sta entrando in una tendenza al ribasso. Al contrario, se il prezzo sta toccando frequentemente il livello di resistenza, questo può indicare che la coppia di valute sta entrando in una tendenza al rialzo.

Inoltre, i trader possono utilizzare i livelli di supporto e resistenza per identificare i punti di rottura delle tendenze.

Indicatori Tecnici

Gli indicatori nel Forex sono strumenti utilizzati dai trader per analizzare i dati di mercato e identificare i punti di ingresso e di uscita per le loro posizioni. Gli indicatori tecnici utilizzano i dati storici dei prezzi e dei volumi per generare segnali di trading.

Alcuni di questi si basano sui prezzi, come le medie mobili, mentre altri si basano sul volume o su altre misure, come la forza relativa o il momentum.

I trader utilizzano gli indicatori per identificare le tendenze, la volatilità, le condizioni di ipercomprato o ipervenduto e i livelli di supporto e resistenza.

Alcuni dei più importanti indicatori tecnici sono:

-Medie mobili
-Momentum
-Relative Strength Index (RSI)
-Bande di Bollinger
-MACD (Moving Average Convergence Divergence)
-Ritracciamento di Fibonacci

Gli indicatori possono essere utili per aiutare i trader a prendere decisioni sul mercato, ma è importante ricordare che nessun indicatore è perfetto e che ogni trader dovrebbe utilizzare una combinazione di diversi indicatori e tecniche di analisi per costruire una strategia di trading efficace.

Inoltre, è importante notare che gli indicatori tecnici non possono prevedere il futuro con certezza, ma forniscono solo informazioni storiche sul mercato. **Pertanto, è importante utilizzare gli indicatori insieme ad altre informazioni di mercato, come le notizie economiche, i dati di mercato e la valutazione fondamentale dell'asset, per prendere decisioni informate sui trade.**

La media mobile

La media mobile (Moving Average) è uno dei più comuni e popolari indicatori tecnici utilizzati nel forex trading.
Questo indicatore è ampiamente utilizzato dai trader per analizzare il trend del mercato, identificare i punti di ingresso e di uscita per le loro posizioni, e per determinare la direzione generale del mercato.
La media mobile rappresenta il prezzo medio di un asset in un determinato periodo di tempo. In altre parole, l'indicatore calcola la media dei prezzi di chiusura dell'asset in un determinato periodo di tempo e traccia una linea sul grafico dei prezzi. Questa linea rappresenta la media mobile e si muove lungo il grafico dei prezzi.

- **Le tipologie di medie mobili**

Ci sono diversi tipi di medie mobili, tra cui **la media mobile semplice (SMA), la media mobile esponenziale (EMA), la media mobile ponderata (WMA) e la media mobile triangolare (TMA).**
La **SMA** è la media aritmetica semplice dei prezzi di chiusura dell'asset in un determinato periodo di tempo. La **EMA** dà maggior peso ai prezzi più recenti rispetto ai prezzi più vecchi, il che la rende più reattiva ai cambiamenti di prezzo.
La **WMA** dà maggior peso ai prezzi più recenti rispetto ai prezzi più vecchi, ma con un approccio ponderato. La **TMA** rappresenta una combinazione di **SMA** e **WMA**.
La scelta del tipo di media mobile dipende dalle preferenze del trader e dalla sua strategia di trading. Tuttavia, la maggior parte dei trader preferisce utilizzare la **EMA**, poiché è più reattiva ai cambiamenti di prezzo e si adatta meglio alle condizioni di mercato volatile.

- **Come utilizzare la media mobile**

La media mobile può essere utilizzata per identificare le tendenze del mercato. Se il prezzo dell'asset si trova al di sopra della media mobile, si può supporre che il mercato sia in un trend rialzista. Se il prezzo dell'asset si trova al di sotto della media mobile, si può supporre che il mercato sia in un trend ribassista. Inoltre, la media mobile può essere utilizzata per identificare possibili inversioni di tendenza. Se il prezzo dell'asset attraversa la media mobile da sopra verso il basso, si può supporre che il mercato sia in una fase di inversione della tendenza e si può considerare di aprire una posizione short. Se il prezzo attraversa la media mobile da sotto verso l'alto, si può supporre che il mercato sia in una fase di inversione della tendenza e si può considerare di aprire una posizione long.

In sintesi, la media mobile è un indicatore tecnico semplice ma efficace utilizzato dai trader per analizzare il trend del mercato, identificare i punti di ingresso e di uscita e determinare la direzione generale del mercato. Tuttavia, è importante ricordare che nessun indicatore è perfetto e che gli indicatori dovrebbero essere utilizzati come strumenti di supporto alla propria analisi e strategia di trading.

Il Momentum

Il momentum è un indicatore tecnico che misura la velocità con cui i prezzi di un asset si muovono in una particolare direzione. L'indicatore si basa sull'idea che gli asset in un forte trend rialzista o ribassista tendono a continuare nella stessa direzione per un certo periodo di tempo, prima di iniziare a invertire la tendenza. Il momentum viene calcolato confrontando il prezzo attuale dell'asset con il prezzo di un periodo precedente. In generale, maggiore è la differenza tra i due prezzi, maggiore è il momentum del prezzo. L'indicatore viene visualizzato come una linea che oscilla sopra e sotto una linea centrale a zero. Se la linea del momentum è al di sopra della linea centrale, si suppone che il momentum sia positivo e che l'asset sia in un trend rialzista. Se la linea del momentum è al di sotto della linea centrale, si suppone che il momentum sia negativo e che l'asset sia in un trend ribassista. L'indicatore del momentum può anche essere utilizzato per identificare possibili inversioni di tendenza. Se la linea del momentum si sta avvicinando alla linea centrale da sopra verso il basso, ciò potrebbe indicare che il momentum sta diminuendo e che l'asset sta perdendo forza. Al contrario, se la linea del momentum si sta avvicinando alla linea centrale da sotto verso l'alto, ciò potrebbe indicare che il momentum sta aumentando e che l'asset sta guadagnando forza.

Il momentum viene utilizzato dai trader per confermare la direzione del trend del mercato e per identificare i punti di ingresso e di uscita per le loro posizioni.

Tuttavia, come per qualsiasi altro indicatore tecnico, il momentum non è perfetto e può fornire segnali falsi. Pertanto, è importante utilizzare l'indicatore del momentum insieme ad altri indicatori e analisi del mercato per prendere decisioni informate sui trade.

Relative Strength Index (RSI)

L'RSI (Relative Strength Index) è un indicatore tecnico che viene utilizzato per misurare la forza o la debolezza di un asset, confrontando la media delle variazioni positive e negative del prezzo dell'asset. L'RSI è un indicatore oscillatore, ovvero i suoi valori possono variare tra 0 e 100 e viene calcolato utilizzando una formula matematica che prende in considerazione il rapporto tra la quantità di variazioni positive e negative del prezzo dell'asset, applicando quindi un coefficiente di smoothing per creare l'oscillatore.
In linea di massima, un valore di RSI superiore a 70 indica che l'asset è ipercomprato e potrebbe verificarsi una correzione al ribasso, mentre un valore di RSI inferiore a 30 indica che l'asset è ipervenduto e potrebbe verificarsi una correzione al rialzo.

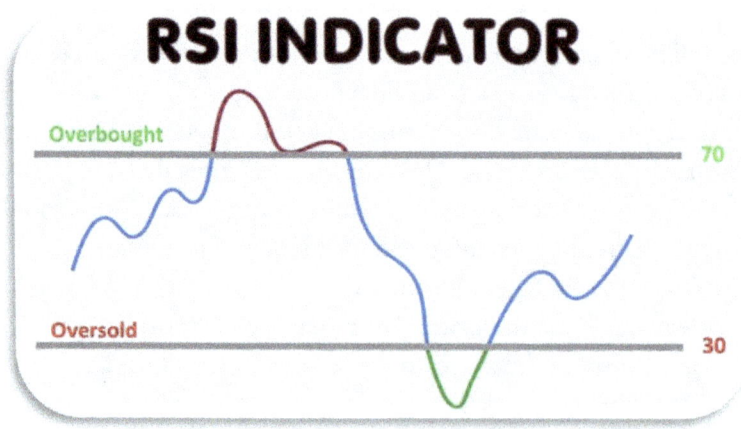

- **Come utilizzare l'RSI**

L'RSI può essere utilizzato in diversi modi dai trader. Uno dei modi più comuni è quello di cercare divergenze tra l'RSI e il prezzo dell'asset. Se il prezzo dell'asset sta salendo, ma l'RSI sta scendendo, questo può essere un segnale che il trend rialzista sta perdendo forza e che potrebbe verificarsi una correzione al ribasso. Al contrario, se il prezzo dell'asset sta scendendo, ma l'RSI sta salendo, questo potrebbe essere un segnale che il trend ribassista sta perdendo forza e che potrebbe verificarsi una correzione al rialzo. Un altro modo in cui l'RSI può essere utilizzato dai trader è quello di cercare segnali di divergenza tra l'RSI e il prezzo dell'asset. Ad esempio, se l'RSI si avvicina al livello di ipervenduto di 30 e poi inizia a salire, ciò potrebbe indicare che l'asset sta guadagnando forza al rialzo e che potrebbe verificarsi un'opportunità di acquisto.

Questo indicatore viene utilizzato anche in combinazione con altri indicatori tecnici, come le medie mobili o le bande di Bollinger, per confermare le analisi e poter operare sul mercato. Ad esempio, se il prezzo dell'asset supera la media mobile a 50 giorni e l'RSI supera il livello di 70, ciò potrebbe essere un segnale di acquisto forte.

Tuttavia, è importante ricordare che l'RSI non è perfetto e che dovrebbe essere utilizzato insieme ad altre analisi di mercato per prendere decisioni informate sui trade.

Le bande di Bollinger

Le bande di Bollinger sono un indicatore tecnico utilizzato nell'analisi tecnica per misurare la volatilità dei prezzi di un asset. L'indicatore è costituito da tre linee: una media mobile semplice (SMA) e due linee che rappresentano la deviazione standard della SMA. In genere, le bande di Bollinger sono disposte a distanza fissa sopra e sotto la SMA, solitamente a due deviazioni standard dalla media.

La banda superiore rappresenta la resistenza, mentre la banda inferiore rappresenta il supporto. Quando il prezzo si avvicina alla banda superiore, potrebbe essere un segnale di vendita, mentre quando il prezzo si avvicina alla banda inferiore, potrebbe essere un segnale di acquisto. Inoltre, quando il prezzo si muove al di fuori delle bande di Bollinger, potrebbe essere un segnale di una potenziale inversione di tendenza. Ad esempio, se il prezzo dell'asset supera la banda superiore, ciò potrebbe essere un segnale di una potenziale correzione al ribasso.

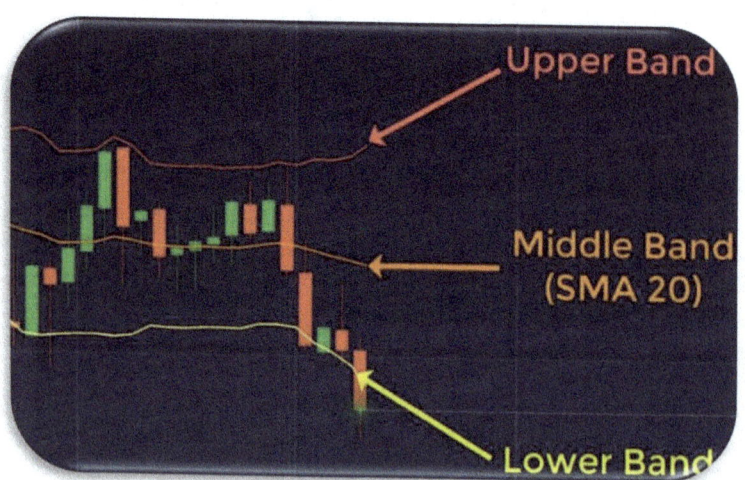

- **Come utilizzare le bande di Bollinger**

Le bande di Bollinger possono anche essere utilizzate per misurare la volatilità dell'asset. Quando le bande sono strette, ciò indica una bassa volatilità dell'asset, mentre quando le bande si allargano, ciò indica una maggiore volatilità dell'asset. Un altro modo in cui le bande di Bollinger possono essere utilizzate dai trader è quello di cercare divergenze tra il prezzo dell'asset e l'indicatore stesso. Ad esempio, se il prezzo dell'asset sta salendo, ma le bande di Bollinger si stanno restringendo, ciò potrebbe indicare che il trend rialzista sta perdendo slancio e che potrebbe verificarsi una correzione al ribasso. Infine, le bande di Bollinger possono essere utilizzate in combinazione con altri indicatori tecnici per confermare i segnali di trading. Ad esempio, se il prezzo dell'asset supera la banda superiore e l'RSI supera il livello di 70, ciò potrebbe essere un segnale di vendita forte.

Tuttavia, è importante ricordare che le bande di Bollinger come qualsiasi altro indicatore dovrebbero essere utilizzate insieme ad altri strumenti di analisi tecnica per poter operare sul mercato nella maniera più precisa possibile.

Il Moving Average Convergence Divergence

Il Moving Average Convergence Divergence (MACD) è un indicatore tecnico utilizzato nell'analisi tecnica per identificare l'inversione di tendenza dei prezzi di un asset.

L'indicatore MACD è costituito da tre componenti principali: la linea MACD, la linea del segnale e l'istogramma. La linea MACD si ottiene sottraendo la media mobile esponenziale (EMA) a 26 giorni dalla media mobile esponenziale a 12 giorni. La linea del segnale è una media mobile esponenziale a 9 giorni della linea MACD. L'istogramma rappresenta la differenza tra la linea MACD e la linea del segnale.

Quando la linea MACD attraversa la linea del segnale dall'alto verso il basso, ciò indica una potenziale inversione di tendenza al ribasso. Al contrario, quando la linea MACD attraversa la linea del segnale dal basso verso l'alto, ciò indica una potenziale inversione di tendenza al rialzo.

L'istogramma del MACD viene utilizzato anche per confermare i segnali di trading generati dalla linea MACD e dalla linea del segnale. Se l'istogramma del MACD diventa negativo, ciò indica che il trend potrebbe essere al ribasso, mentre se l'istogramma del MACD diventa positivo, ciò indica che il trend potrebbe essere al rialzo.

Divergenze MACD

Inoltre, il MACD può essere utilizzato per identificare le divergenze tra il prezzo dell'asset e l'indicatore stesso. Se il prezzo dell'asset sta salendo, ma la linea MACD sta scendendo, ciò potrebbe indicare una potenziale correzione al ribasso. Al contrario, se il prezzo dell'asset sta scendendo, ma la linea MACD sta salendo, ciò potrebbe indicare una potenziale correzione al rialzo.

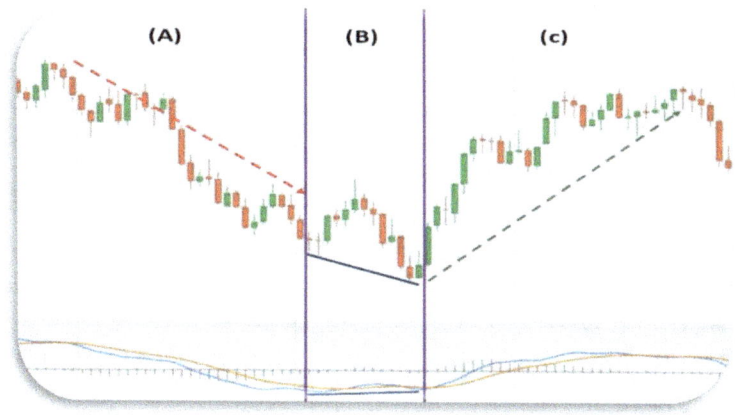

Il MACD può essere utilizzato in combinazione con altri indicatori tecnici, come le bande di Bollinger e l'RSI, per essere più precisi ed operare meglio sul mercato. Ad esempio, se il prezzo dell'asset supera la banda superiore di Bollinger e l'RSI supera il livello di 70, e poi la linea MACD attraversa la linea del segnale dal basso verso l'alto, ciò potrebbe essere un segnale di acquisto forte.

Come per tutti gli indicatori, è consigliato l'utilizzo di questo indicatore in combinazione con altri indicatori tecnici per essere più accurati nel trading forex.

Ritracciamento di Fibonacci

Il Fibonacci retracement, o ritracciamento di Fibonacci, è un indicatore tecnico ampiamente utilizzato nell'analisi tecnica del mercato Forex. Esso si basa sulla sequenza di numeri di Fibonacci, una serie di numeri in cui ogni numero è la somma dei due numeri precedenti (ad esempio, 1, 1, 2, 3, 5, 8, 13, 21, 34, 55, 89, ecc.). Nell'analisi tecnica, i trader utilizzano i livelli di supporto e resistenza derivati dalla sequenza di numeri di Fibonacci per identificare i possibili punti di inversione del trend del mercato. I livelli di supporto e resistenza sono tracciati dal prezzo di picco al prezzo minimo della tendenza e vengono calcolati utilizzando i rapporti di Fibonacci, che sono derivati dai numeri della sequenza di Fibonacci.

I rapporti di Fibonacci più comuni utilizzati sono il 38,2%, il 50% e il 61,8%. Quando il prezzo di un'attività sottostante si avvicina a uno di questi livelli di Fibonacci, i trader possono utilizzare questi livelli come possibili punti di ingresso o uscita dal mercato. Il livello del 38,2% viene calcolato tracciando una linea dal prezzo di picco al prezzo minimo della tendenza e moltiplicando la lunghezza di questa linea per 0,382. Il livello del 50% viene calcolato moltiplicando la lunghezza della linea per 0,5, mentre il livello del 61,8% viene calcolato moltiplicando la lunghezza della linea per 0,618.

L'utilizzo del Fibonacci retracement non garantisce il successo del trading e dovrebbe essere utilizzato in combinazione con altri strumenti di analisi tecnica e una buona gestione del rischio. Inoltre, è importante notare che l'analisi tecnica è soggetta a errori e che i mercati possono essere imprevedibili, quindi i trader dovrebbero sempre esercitare cautela e fare attenzione ai rischi del trading.

I pattern di prezzo

I pattern di prezzo sono modelli che si verificano sui grafici delle coppie di valute e che possono essere utilizzati nell'analisi tecnica. Questi pattern possono essere di due tipi: **pattern di inversione e pattern di continuazione.**

- **I pattern di inversione**

I pattern di inversione si verificano quando il prezzo di una coppia di valute cambia direzione. I trader utilizzano spesso questi pattern per individuare i punti in cui il prezzo potrebbe invertire la sua direzione.

Alcuni dei pattern di inversione più comuni includono:

Testa e spalle (Head and Shoulders): questo pattern si verifica quando il prezzo forma tre picchi, con il picco centrale (la testa) più alto dei picchi laterali (le spalle). Il prezzo tende a scendere dopo che il prezzo ha superato la linea del collo del pattern, che è il livello di supporto orizzontale tra le due spalle.

Doppio massimo (Double Top): questo pattern si verifica quando il prezzo forma due picchi consecutivi a un livello di prezzo simile. Il prezzo tende a scendere dopo che il prezzo ha rotto il livello di supporto tra i due picchi.

Doppio minimo (Double Bottom): questo pattern si verifica quando il prezzo forma due minimi consecutivi a un livello di prezzo simile. Il prezzo tende a salire dopo che il prezzo ha rotto il livello di resistenza tra i due minimi.

- **I pattern di continuazione**

I pattern di continuazione si verificano quando il prezzo di una coppia di valute si muove lateralmente in un intervallo di prezzo limitato. Questi pattern indicano che il prezzo potrebbe continuare a muoversi nella stessa direzione una volta che il periodo di consolidamento è terminato. Alcuni dei pattern di continuazione più comuni includono:

Bandiera (Flag): questo pattern si verifica quando il prezzo forma un movimento di prezzo impulsivo seguito da un periodo di consolidamento rettangolare. Il prezzo tende a riprendere la sua direzione precedente dopo che il prezzo ha superato il livello di resistenza o di supporto della bandiera.

Triangolo (Triangle): questo pattern si verifica quando il prezzo forma una serie di minimi crescenti e massimi decrescenti (triangolo discendente) o di minimi decrescenti e massimi crescenti (triangolo ascendente). Il prezzo tende a continuare nella sua direzione precedente dopo che il prezzo ha superato la linea di tendenza del triangolo.

Per individuare i pattern di prezzo, i trader utilizzano spesso l'analisi tecnica e l'osservazione visiva dei grafici delle coppie di valute. I trader possono utilizzare anche gli indicatori tecnici, come le medie mobili e gli oscillatori, per confermare l'identificazione del pattern.

I pattern di inversione indicano un potenziale cambiamento di direzione del prezzo, mentre i pattern di continuazione indicano un potenziale proseguimento del movimento di prezzo.

"ChoCh" nel Forex

I "ChoCh" nel mercato Forex rappresentano uno spostamento iniziale nel flusso degli ordini che talvolta può indicare un'inversione del prezzo di un asset, un'azione o una coppia di valute, sia a breve che a lungo termine.

I ChoCh sono generalmente considerati come pattern di inversione che i trader utilizzano su time frame più ampi per individuare la direzione di mercato e su time frame più stretti per cercare opportunità di trading su un minuto.

Il termine "ChoCh" è semplicemente un'abbreviazione di "change of character" (cambiamento di carattere), che indica la rottura della struttura interna dei prezzi, in cui un livello minore di domanda o offerta non riesce a sostenere il prezzo. Molti trader preferiscono utilizzare i ChoCh su tutti i time frame per avere una panoramica della direzione di mercato e iniziare a cercare inversioni intraday o reazioni ai punti di interesse sui grafici a 15 minuti.

- **Come utilizzare i ChoCh nel Forex**

Per utilizzare i ChoCh, basta cercare un cambiamento nel flusso degli ordini, ossia l'ultimo livello di domanda o offerta che non riesce a sostenere il prezzo, sui time frame con cui si opera. È importante sottolineare che i ChoCh dovrebbero essere utilizzati come un fattore di conferma e non dovrebbero essere l'unico elemento su cui basarsi per determinare la direzione di mercato o confermare i segnali su time frame più stretti.

The Break of Structure (BOS)

La Rottura della Struttura (BOS) è una popolare strategia di trading nel mercato forex che aiuta i trader a individuare potenziali movimenti dei prezzi. Questa consiste nel cercare una rottura di un livello chiave di supporto o resistenza, il quale può indicare la continuazione del trend nella stessa direzione. In questo paragrafo, esploreremo in dettaglio la strategia BOS, inclusi i suoi vantaggi e svantaggi, nonché come i trader possono utilizzarla in modo efficace nella loro operatività.

- **Cos'è il 'BOS' nel Forex?**

La Rottura della Struttura (BOS) è un termine di analisi tecnica utilizzato nel trading forex per descrivere una situazione in cui il prezzo di un'attività finanziaria supera un livello di supporto o resistenza precedentemente stabilito e continua a muoversi nella stessa direzione. Ad esempio, se il trend è rialzista, vengono rispettate le zone di supporto o domanda, mentre le zone di offerta e resistenza vengono rotte o invalidate. Ciò avviene poiché il sentiment di mercato rimane rialzista e gli acquirenti continuano a spingere il prezzo verso l'alto.
È importante sottolineare che una BOS non dovrebbe essere confusa con un Cambiamento di Carattere (CHOCH), poiché si tratta di due concetti distinti. Un CHOCH indica un cambiamento nella direzione del trend, mentre una BOS implica che il prezzo continuerà a muoversi nella stessa direzione. Inoltre, un CHOCH deve originarsi da una zona di offerta/domanda su un time frame superiore, altrimenti viene considerato non valido.

Diagramma 'BOS & CHOCH'

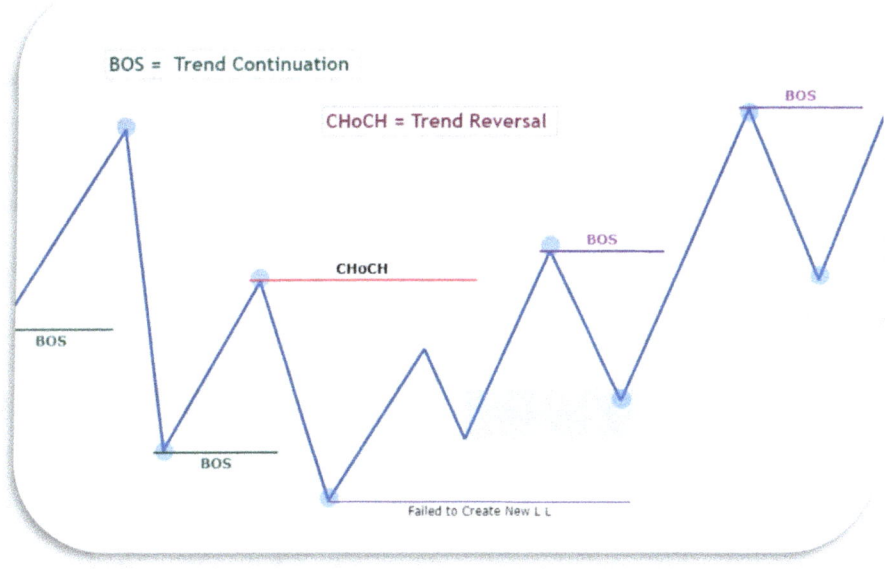

BOS = Trend Continuation

CHoCH = Trend Reversal

Come illustrato nel diagramma sopra, puoi facilmente individuare sia la continuazione del trend con i vari **BOS** che continuano a creare nuovi minimi-massimi, sia un **CHOCH** che crea una rottura nella struttura interna ed indica che il trend potenzialmente sta iniziando a cambiare.

Strategie di trading

Introduzione

Le strategie di trading sono le scelte operative che i trader fanno per cercare di ottenere profitti sui mercati finanziari. Esistono diversi approcci di trading, ognuno dei quali si adatta a specifiche esigenze di investimento, stili di vita, e appetito per il rischio.

Scalping

Lo scalping è una tecnica di trading a breve termine che si basa sull'apertura e la chiusura di numerose posizioni entro un breve lasso di tempo, di solito pochi secondi o pochi minuti. Il profitto generato da ogni posizione è spesso molto piccolo, ma gli scalper cercano di accumulare guadagni attraverso il volume, sfruttando la volatilità dei mercati.

Day trading

Il day trading è una tecnica di trading a breve termine in cui le posizioni vengono aperte e chiuse durante la stessa giornata di mercato. Gli obiettivi di profitto sono generalmente più elevati rispetto allo scalping, ma le posizioni rimangono aperte solo per un breve periodo di tempo, di solito da poche ore a un massimo di una giornata. I day trader cercano di capitalizzare sui movimenti di prezzo a breve termine, utilizzando tecniche di analisi tecnica, come l'utilizzo di indicatori e grafici.

Swing trading

Lo swing trading è una tecnica di trading a medio termine in cui le posizioni rimangono aperte per diversi giorni o addirittura settimane. Gli obiettivi di profitto sono generalmente più alti rispetto al day trading e allo scalping, ma comportano un maggiore rischio a causa del periodo di tempo più lungo in cui le posizioni sono aperte. Lo swing trading si basa sull'analisi tecnica, ma può anche incorporare fattori fondamentali come le notizie economiche.

Trading di posizione

Il trading di posizione è una tecnica di trading a lungo termine in cui le posizioni vengono tenute aperte per mesi o addirittura anni. Gli obiettivi di profitto sono generalmente più alti rispetto ad altre tecniche di trading, ma comportano un maggiore rischio a causa del periodo di tempo più lungo in cui le posizioni sono aperte. Il trading di posizione si basa sull'analisi fondamentale e su una visione a lungo termine del mercato.

Trading automatico (Expert Advisor)

Il trading automatico è un processo che utilizza degli algoritmi per eseguire automaticamente operazioni di acquisto e vendita di asset finanziari sui mercati. Questi algoritmi sono progettati per analizzare i dati di mercato, identificare tendenze e opportunità di trading, e operare autonomamente sul mercato. Il trading automatico può migliorare l'efficienza e la precisione nelle operazioni, riducendo al minimo il rischio di errori umani. Inoltre, l'assenza di interazione emotiva durante l'operatività può essere un vantaggio per molti trader, poiché gli algoritmi sono privi di pregiudizi o emozioni.

Gli algoritmi di trading automatico sono spesso utilizzati dagli Expert Advisor (EA) o robot di trading.

Gli EA possono essere personalizzati in base alle preferenze e alle esigenze di trading di un trader e possono essere testati su dati storici per valutare la loro efficacia.

Tuttavia, è importante notare che gli algoritmi di trading automatico non sono infallibili e richiedono un'adeguata supervisione e gestione da parte dei trader per garantire che siano sempre appropriate per le condizioni di mercato attuali.

- **Gli Expert Advisor e come usarli**

Gli Expert Advisor (EA) sono strumenti di trading che consentono di automatizzare le operazioni di acquisto e vendita di asset finanziari sulla piattaforma di trading.

Questi sono programmati con algoritmi specifici che utilizzano tecniche di analisi tecnica e di intelligenza artificiale per valutare le condizioni di mercato e identificare le opportunità di trading.

Gli EA possono eseguire una vasta gamma di strategie di trading, come lo scalping, il day trading e il trading di posizione. Essi possono anche essere personalizzati e programmabili per soddisfare le esigenze specifiche di ciascun trader.

Uno dei principali vantaggi degli EA è la capacità di eseguire le operazioni di trading in modo autonomo, eliminando gli errori umani e l'influenza delle emozioni sulle decisioni di trading.

Gli EA operano in modo obiettivo e razionale, sulla base delle regole predefinite, il che può portare ad una maggiore coerenza e precisione nelle operazioni di trading.

Inoltre, gli EA possono lavorare 24 ore su 24, senza la necessità di riposo o di pausa.

Ciò significa che essi possono monitorare il mercato in modo continuo ed operare in tempo reale, senza la necessità di intervento umano.

Tuttavia, come ogni strumento di trading, gli EA hanno dei limiti e non garantiscono il successo finanziario. Essi sono solo uno strumento e non possono sostituire la conoscenza e l'esperienza del trader. È importante comprendere come funzionano gli EA, come possono influenzare le operazioni di trading e come gestire i rischi in modo adeguato.

In sintesi, gli EA sono uno strumento utile per i trader che desiderano automatizzare le proprie operazioni di trading, ma devono essere utilizzati con cautela e sempre in combinazione con la propria conoscenza e esperienza nel trading.

Tipi di ordini nel Forex

Nel mondo affascinante del trading forex, è essenziale comprendere i diversi tipi di ordini utilizzati dai trader per entrare o uscire dal mercato. La scelta e l'utilizzo corretti degli ordini sono fondamentali per gestire con successo le operazioni e massimizzare i profitti.

In questo capitolo, esploreremo in dettaglio i tipi di ordini nel forex, offrendo una panoramica approfondita di come funzionano e come possono essere applicati strategicamente.

Inizieremo analizzando gli ordini di mercato, un tipo di ordine immediato che consente ai trader di eseguire un'operazione al prezzo corrente di mercato.

Successivamente, esploreremo gli ordini pendenti, un potente strumento che consente ai trader di programmare l'esecuzione di un'operazione quando il prezzo raggiunge un determinato livello specificato.

- **Ordini di mercato**

Un ordine di mercato è un tipo di ordine immediato che viene eseguito al prezzo corrente di mercato. Quando un trader invia un ordine di mercato, sta chiedendo al broker di eseguire l'operazione al miglior prezzo disponibile al momento dell'ordine. Gli ordini di mercato sono utilizzati principalmente quando si desidera un'entrata o un'uscita rapida dal mercato senza specificare un prezzo specifico.

Gli ordini di mercato sono molto utilizzati quando si desidera entrare rapidamente nel mercato o chiudere una posizione esistente senza preoccuparsi del prezzo di esecuzione esatto.

- **Ordini pendenti**

Gli ordini pendenti sono un tipo di ordine utilizzato nel trading forex per programmare l'esecuzione di un'operazione in futuro, quando il prezzo raggiunge o supera un livello specificato. Questi ordini consentono ai trader di automatizzare l'ingresso o l'uscita dal mercato in base a determinate condizioni di prezzo.

Ci sono diversi tipi di ordini pendenti utilizzati nel forex. Vediamo nel dettaglio i più comuni:

Ordine Limite (Limit Order): Un ordine limite viene utilizzato per aprire o chiudere una posizione a un prezzo specifico o migliore. Questo tipo di ordine viene eseguito solo se il prezzo raggiunge o supera il livello specificato.

Ordine Limite di Acquisto: Viene posizionato al di sotto del prezzo corrente di mercato. Se il prezzo raggiunge o scende al livello specificato, l'ordine viene eseguito e viene aperta una posizione long.

Ordine Limite di Vendita: Viene posizionato al di sopra del prezzo corrente di mercato. Se il prezzo raggiunge o sale al livello specificato, l'ordine viene eseguito e viene aperta una posizione short. Gli ordini limite consentono ai trader di impostare punti di ingresso o uscita desiderati nel mercato, permettendo loro di eseguire operazioni ai livelli desiderati per massimizzare i profitti o minimizzare le perdite.

Ordine Stop (Stop Order): Un ordine stop viene utilizzato per attivare una posizione quando il prezzo raggiunge o supera un determinato livello specificato. Questo tipo di ordine viene spesso utilizzato per gestire le perdite o per entrare in un'operazione solo quando il prezzo supera un certo punto di rottura.

Ordine Stop Loss: Viene posizionato al di sotto del prezzo corrente di mercato per limitare le perdite in una posizione aperta. Se il prezzo raggiunge o scende al livello specificato, l'ordine stop loss viene eseguito, chiudendo la posizione e limitando le perdite.

Ordine Stop Entry: Viene posizionato al di sopra del prezzo corrente di mercato per attivare una posizione long o al di sotto del prezzo corrente di mercato per attivare una posizione short. Se il prezzo raggiunge o supera il livello specificato, l'ordine stop entry viene eseguito e viene aperta una nuova posizione.

Gli ordini stop consentono ai trader di automatizzare l'attivazione di una posizione quando si verifica un determinato movimento di prezzo, consentendo loro di partecipare a una tendenza o di limitare le perdite in modo tempestivo.

È importante notare che gli ordini pendenti possono rimanere attivi per un periodo di tempo specificato o fino a quando vengono eseguiti o annullati manualmente dal trader.

Inoltre, è essenziale monitorare costantemente i livelli degli ordini pendenti e adattarli alle fluttuazioni dei prezzi e alle condizioni di mercato.

Gli ordini pendenti sono strumenti preziosi nel trading forex, consentendo ai trader di automatizzare e pianificare le proprie operazioni in modo più preciso ed efficiente. Tuttavia, è fondamentale comprendere correttamente come utilizzare gli ordini pendenti per evitare potenziali rischi o errori di esecuzione.

Prima di piazzare un ordine pendente, è necessario determinare il livello di prezzo appropriato in base all'analisi tecnica e alle strategie di trading adottate.

Gli ordini pendenti possono essere utilizzati per sfruttare le opportunità di trading in diversi scenari, come l'identificazione di punti di inversione del trend, livelli di supporto o resistenza chiave o la conferma di breakout.

È importante comprendere che gli ordini pendenti non garantiscono l'esecuzione immediata e dipendono dall'attivazione del prezzo specificato. Pertanto, è essenziale impostare correttamente i livelli di prezzo per massimizzare le probabilità di esecuzione.

Un'altra considerazione importante riguarda la durata degli ordini pendenti. Al momento di piazzare l'ordine, si può specificare una data di scadenza o lasciarlo aperto fino a quando non viene eseguito o annullato manualmente.

È consigliabile monitorare costantemente gli ordini pendenti per adattarli alle condizioni di mercato in continua evoluzione o per apportare eventuali modifiche alle strategie di trading.

Gli ordini pendenti offrono anche la flessibilità di impostare **ordini OCO (One-Cancels-the-Other).**

Questo significa che quando uno dei due ordini pendenti viene eseguito, l'altro viene automaticamente annullato.

Ad esempio, si può impostare un ordine limite per l'apertura di una posizione long e contemporaneamente un ordine stop loss per proteggere da eventuali perdite e, quando uno dei due viene eseguito, l'altro viene cancellato automaticamente.

Nel complesso, l'utilizzo corretto degli ordini pendenti nel forex può migliorare la precisione e l'efficienza delle operazioni, consentendo ai trader di gestire il proprio rischio in modo più accurato e di cogliere opportunità di trading quando si verificano determinati movimenti di prezzo. Tuttavia, è fondamentale comprendere appieno il funzionamento e l'applicazione di questi ordini, nonché di considerare attentamente le condizioni di mercato e l'analisi tecnica al fine di prendere decisioni informate e consapevoli.

Pratica e sperimentazione sono chiave per sviluppare una buona comprensione degli ordini pendenti e per adattarli alle proprie strategie di trading. Ricorda sempre di seguire una corretta gestione del rischio e di fare affidamento su strumenti di analisi e conoscenza approfondita del mercato per supportare le tue decisioni.

Gestione del rischio

Introduzione

La gestione del rischio è uno degli aspetti più importanti del trading Forex. Non importa se sei un trader esperto o un principiante, la gestione del rischio deve essere la priorità numero uno. Senza una corretta gestione del rischio, il trading Forex può diventare molto pericoloso e dannoso per il tuo portafoglio.

In questo capitolo, esploreremo i principi di gestione del rischio nel trading Forex, il dimensionamento della posizione e l'uso degli stop loss e take profit.

Principi di gestione del rischio nel trading Forex

La gestione del rischio nel trading Forex si basa su alcuni principi fondamentali.

Il primo principio è quello di non investire mai più di quanto ci si può permettere di perdere. Questo significa che dovresti investire solo il denaro che non ti serve per vivere e che non ti mette in difficoltà finanziarie se lo perdi. Inoltre, dovresti sempre avere un piano di gestione del rischio che ti aiuti a ridurre le perdite e massimizzare i profitti.

Il secondo principio è quello di diversificare il portafoglio di investimenti. Ciò significa che non dovresti concentrare tutti i tuoi investimenti su una sola valuta o un solo strumento finanziario. Dovresti piuttosto diversificare il tuo portafoglio investendo in diverse valute e strumenti finanziari per ridurre il rischio di perdita. Il terzo principio è quello di fare sempre una corretta analisi dei mercati e delle condizioni economiche. Questo ti aiuta a capire le tendenze del mercato e ad adattare la tua strategia di trading di conseguenza.

Dimensionamento della posizione

Il dimensionamento della posizione è uno degli aspetti più importanti della gestione del rischio nel trading Forex. Il dimensionamento della posizione si riferisce alla quantità di denaro che si investe in una singola posizione.

È importante dimensionare correttamente la posizione per limitare il rischio di perdita.

Ci sono diversi metodi per determinare il dimensionamento della posizione. Uno dei metodi più comuni è quello di utilizzare la percentuale del rischio, che prevede di investire solo una percentuale del capitale totale in ogni posizione. In generale, gli esperti consigliano di investire non più del 2% del capitale totale in ogni posizione.

Stop Loss

Lo "stop loss" è uno strumento utilizzato dai trader per limitare le loro perdite in caso di una posizione che non si comporta come previsto. Consiste in un ordine che viene inserito nel sistema di trading del trader e che indica al broker di chiudere automaticamente la posizione quando il prezzo raggiunge un determinato livello.

L'utilizzo di questo strumento è importante poiché il mercato Forex è altamente volatile e può comportare rapidi cambiamenti di prezzo in qualsiasi momento.

Se un trader non utilizza lo "stop loss", potrebbe incorrere in perdite considerevoli se il prezzo si muove contro la propria posizione.

Esistono diversi tipi di "stop loss" che i trader possono utilizzare, tra cui:

Stop Loss Fisso: Questo tipo di "stop loss" viene impostato a un determinato livello di prezzo e rimane fermo finché il trader non lo modifica o finché non viene attivato.

Stop Loss Dinamico: Questo tipo di "stop loss" è progettato per seguire il movimento del prezzo in modo dinamico e viene regolato automaticamente in base al prezzo corrente del mercato. Ciò consente al trader di limitare le perdite in caso di una rapida inversione di tendenza.

Trailing Stop Loss: Questo tipo di "stop loss" segue il prezzo in modo dinamico, ma si muove solo nella direzione del profitto del trader. In altre parole, se il prezzo si muove a favore del trader, lo "stop loss" viene spostato in modo tale da garantire un profitto parziale e di limitare le eventuali perdite in caso di una inversione di tendenza.

In generale, l'utilizzo di questo strumento è importante per proteggere il capitale del trader e minimizzare le perdite in caso di una posizione che non si comporta come previsto.

Tuttavia, è importante tenere presente che non garantisce la protezione completa del capitale in caso di condizioni di mercato estreme o di lacune di prezzo (gap).

Take Profit

Il "take profit" è un concetto importante nel trading forex e rappresenta il livello di prezzo a cui il trader intende chiudere la posizione per garantire un profitto. In altre parole, è un ordine automatico che viene eseguito quando il prezzo raggiunge il livello desiderato.

Ci sono diverse motivazioni per cui un trader potrebbe decidere di utilizzare un "take profit":

Garantire un profitto: Utilizzando un "take profit", il trader ha la possibilità di chiudere la posizione quando il prezzo raggiunge un certo livello, garantendo così un profitto. In questo modo si possono limitare le perdite e massimizzare i profitti.

Ridurre lo stress emotivo: Il trading forex può essere stressante, in particolare quando si tratta di decidere quando chiudere una posizione. Utilizzando un "take profit", il trader può evitare di dover prendere decisioni in modo impulsivo o basato sull'emozione, riducendo così lo stress emotivo.

Automatizzare il processo di trading: Utilizzando un "take profit", il trader può automatizzare il processo di trading, in modo tale da chiudere automaticamente le posizioni quando il prezzo raggiunge il livello desiderato.

Questo può essere particolarmente utile quando il trader non ha la possibilità di monitorare il mercato in modo continuo.

Come per lo "stop loss", il "take profit" deve essere utilizzato con cautela e con una buona pianificazione. Il trader deve decidere il livello di prezzo a cui desidera chiudere la posizione in base alla propria strategia di trading, al proprio stile di trading e alle condizioni di mercato attuali.

Psicologia del trading

Introduzione

La psicologia del trading è un aspetto cruciale che spesso viene sottovalutato dai trader principianti. Infatti, la mente umana può essere un ostacolo significativo per il successo nel trading, poiché molte decisioni finanziarie sono influenzate dalle emozioni e dai pregiudizi. In questo capitolo, esamineremo l'importanza della psicologia del trading e forniremo alcuni suggerimenti su come gestire le emozioni durante il trading.

Emozioni e trading

Il trading è un'attività altamente emotiva. Sebbene l'analisi tecnica e fondamentale possano fornire informazioni importanti, alla fine sono le emozioni a guidare molte delle decisioni di trading. Nel mercato forex, dove le fluttuazioni di prezzo sono comuni e la volatilità è elevata, la gestione delle emozioni è ancora più importante.

Le emozioni comuni che possono influire negativamente sul trading includono la paura, la cupidigia, l'euforia e la delusione.

Vediamo come gestirle per migliorare la propria attività di trading.

Paura: La paura è una delle emozioni più distruttive per il trading. Quando i trader sono spaventati, possono prendere decisioni irrazionali e sbagliate. Ad esempio, possono chiudere posizioni troppo presto, senza attendere che il prezzo ritorni alla propria direzione originale. Oppure, potrebbero essere riluttanti a prendere posizioni iniziali, perdendo così opportunità di guadagno.

69

Per combattere la paura, è necessario avere un piano di trading ben definito e rispettare le proprie regole. Inoltre, potrebbe essere utile utilizzare strumenti come gli stop loss per ridurre il rischio.

Cupidigia: La cupidigia è un'altra emozione che può influenzare negativamente il trading. Quando si è troppo avidi, si possono prendere decisioni irrazionali e rischi eccessivi. Ad esempio, si potrebbe tenere aperta una posizione troppo a lungo, sperando di guadagnare ancora di più, ma finendo per subire una grande perdita. Per evitare la cupidigia, è importante avere un piano di trading ben definito e rispettare i propri limiti di perdita e di guadagno.

Euforia: L'euforia è un'altra emozione che può influire negativamente sul trading. Quando si è eccitati e fiduciosi, si potrebbe correre il rischio di prendere decisioni troppo veloci e rischi eccessivi, che possono portare a perdite. Ad esempio, si potrebbe essere tentati di aumentare la propria posizione quando il prezzo si muove nella direzione desiderata. Tuttavia, è importante restare calmi e rispettare il proprio piano di trading.

Delusione: La delusione è un'altra emozione che può influire negativamente sul trading. Quando si subisce una perdita, si potrebbe sentirsi deluso e scoraggiato. Questo potrebbe portare a decisioni irrazionali e rischi eccessivi nella speranza di recuperare le perdite. Per evitare la delusione, è importante avere un piano di trading ben definito e rispettare i propri limiti di perdita.

La disciplina del trader di successo

La disciplina è uno dei pilastri fondamentali per il successo nel trading forex. Senza di essa, è facile cadere in tentazione di prendere decisioni impulsive, di trasgredire il proprio piano di trading o di ignorare le regole di gestione del rischio.

In questo capitolo, esploreremo come sviluppare la disciplina del trader di successo.

Per iniziare, è fondamentale avere un piano di trading ben definito, che includa un insieme di regole chiare per l'entrata e l'uscita dal mercato e un sistema di gestione del rischio.

È importante rispettare rigorosamente il proprio piano di trading, anche quando le emozioni sono elevate, per evitare di cadere in trappole emotive che possano portare a decisioni poco razionali. Inoltre, la disciplina richiede un atteggiamento positivo e proattivo da parte del trader.

Un trader di successo deve assumersi la responsabilità delle proprie azioni e riconoscere quando commette un errore, poiché ogni errore rappresenta un'opportunità di apprendimento e miglioramento. Un altro aspetto cruciale per sviluppare la disciplina è il mantenimento di un registro accurato di tutte le operazioni di trading. Questo aiuta a tenere traccia delle performance e a identificare eventuali aree di miglioramento, ma anche ad analizzare il proprio comportamento e le proprie emozioni durante il trading. Inoltre, adottare un'etica del lavoro costante è un'ulteriore chiave per sviluppare la disciplina.

I trader di successo dedicano il tempo e l'energia necessari per diventare competenti e per migliorarsi costantemente, sia attraverso la formazione, sia attraverso l'esperienza pratica. Infine, la capacità di mantenere la calma sotto pressione è essenziale per un trader disciplinato.

Il mercato forex è spesso imprevedibile e volatile, ma un trader che mantiene la calma e rimane razionale anche nei momenti di maggior stress ha maggiori possibilità di ottenere risultati positivi.

In sintesi, la disciplina rappresenta un fattore determinante per il successo nel trading forex. Rispettare il proprio piano di trading, mantenere un atteggiamento positivo, tenere un registro accurato, adottare un'etica del lavoro costante e mantenere la calma sotto pressione sono tutte qualità che un trader disciplinato deve possedere. Con l'esperienza e la pratica, la disciplina diventa un'abitudine naturale e uno strumento per ottenere risultati positivi nel lungo termine.

La pianificazione del trading

La pianificazione del trading è un aspetto fondamentale per il successo nel mercato forex. Una pianificazione accurata del trading può aiutare il trader a evitare decisioni impulsivi e a ridurre il rischio di perdite consistenti. In questo capitolo, esploreremo come pianificare efficacemente il proprio trading. In primo luogo, il trader deve stabilire un piano di trading dettagliato che definisca chiaramente le regole di ingresso e di uscita dal mercato, i tempi di apertura e di chiusura delle posizioni e i livelli di stop loss e take profit. Questo piano dovrebbe essere basato su una solida analisi fondamentale e tecnica del mercato e dovrebbe essere adeguato alle proprie conoscenze e abilità nel trading.

Inoltre, è importante tenere sempre d'occhio il calendario economico, per essere al corrente di tutte le notizie e gli eventi che potrebbero influenzare il mercato e le posizioni di trading aperte. In questo modo, il trader può evitare di subire perdite a causa di eventi imprevisti o di prendere decisioni che non siano in linea con le proprie strategie di trading.

Il trader dovrebbe anche stabilire un sistema di gestione del rischio per limitare le perdite e proteggere il proprio capitale. Ciò può includere la definizione di un limite massimo di perdite per ogni singola operazione, l'utilizzo di stop loss e di take profit adeguati e la diversificazione del portafoglio.

Inoltre, il trader dovrebbe monitorare costantemente le proprie performance di trading, per valutare l'efficacia delle proprie strategie e apportare eventuali modifiche al proprio piano di trading. In questo modo, il trader può continuare a migliorare e adattare il proprio trading alle condizioni di mercato in continua evoluzione.

Infine, il trader dovrebbe essere disciplinato nel seguire il proprio piano di trading e resistere alle tentazioni di prendere decisioni emotive. Ciò richiede una forte disciplina mentale e un'attenta gestione delle emozioni, come abbiamo visto nel capitolo precedente.

In sintesi, la pianificazione del trading è un aspetto essenziale per il successo nel mercato forex. Una pianificazione accurata e dettagliata, combinata con una solida gestione del rischio e la disciplina nel seguire il proprio piano di trading, possono aiutare il trader a evitare decisioni impulsivi e a massimizzare le possibilità di successo. Con l'esperienza e la pratica, la pianificazione del trading diventa un'abitudine naturale e uno strumento per ottenere risultati positivi nel lungo termine.

Glossario delle terminologie Forex

Introduzione

Il mondo del Forex (Foreign Exchange) è un ambiente complesso e ricco di specifiche terminologie e abbreviazioni. Per comprendere appieno i concetti e le dinamiche di questo mercato finanziario globale, è fondamentale avere familiarità con il linguaggio tecnico e le espressioni utilizzate dagli operatori e dagli investitori. Questo capitolo, dedicato al Glossario delle terminologie Forex, si propone di offrire una panoramica approfondita e dettagliata dei termini comuni, degli acronimi e delle abbreviazioni utilizzate nel mondo del Forex. Attraverso una raccolta esaustiva di termini e definizioni, i trader, dai principianti ai più esperti, potranno ampliare la propria conoscenza e affinare la comprensione delle dinamiche del mercato valutario. Ogni termine è spiegato in maniera chiara e concisa, offrendo una comprensione accurata del suo significato e del suo utilizzo all'interno del contesto Forex. Gli acronimi e le abbreviazioni frequentemente utilizzati saranno anch'essi inclusi, offrendo una visione completa del linguaggio specifico del mercato. La conoscenza delle terminologie Forex è un elemento chiave per comunicare in modo efficace nel settore e per comprendere correttamente i concetti teorici, le strategie di trading e le analisi di mercato. Attraverso questo glossario, i lettori saranno in grado di accedere a un'ampia gamma di termini utilizzati nel Forex, consentendo loro di sviluppare una solida base di conoscenze e competenze nel trading valutario. Indipendentemente dal livello di esperienza nel Forex, l'approfondimento delle terminologie e delle definizioni contribuirà a migliorare la capacità di analisi, la pianificazione delle strategie e la gestione del rischio.

Termini comuni

Ecco un elenco di termini di base che sentirai spesso nel settore del trading FX:

Analisi fondamentale: L'analisi dei fattori economici, politici e sociali che influenzano i tassi di cambio.

Analisi tecnica: L'analisi dei grafici e dei modelli di prezzo passati per prevedere i movimenti futuri dei prezzi.

Asset: Qualsiasi strumento finanziario negoziabile, come valute, azioni, obbligazioni, materie prime, ecc.

Bear market: Un mercato in cui i prezzi stanno scendendo.

Bid/Ask: Il prezzo di offerta (bid) è il prezzo al quale i compratori sono disposti a comprare un'attività finanziaria, mentre il prezzo di domanda (ask) è il prezzo al quale i venditori sono disposti a venderla.

Broker: Un intermediario che facilita le operazioni di trading fornendo accesso al mercato.

Bull market: Un mercato in cui i prezzi stanno salendo.

Candlestick: Una rappresentazione grafica dei prezzi che mostra l'apertura, la chiusura, il massimo e il minimo di un intervallo di tempo specifico.

Carry trade: Sfruttare il differenziale dei tassi di interesse tra due valute per ottenere un profitto.

Coppia di valute: Ad esempio, EUR/USD (euro/dollaro statunitense) o GBP/JPY (sterlina britannica/yen giapponese).

Leva finanziaria: L'uso di fondi presi in prestito dal broker per amplificare l'esposizione sul mercato.

Liquidity: La disponibilità di compratori e venditori sul mercato per eseguire operazioni senza influenzare significativamente i prezzi.

Margine: Il deposito di sicurezza richiesto dal broker per aprire e mantenere una posizione aperta.

Margin call: Una richiesta da parte del broker di aumentare il margine disponibile per coprire le perdite.

Ordine di mercato: Un ordine per acquistare o vendere una valuta al prezzo corrente di mercato.

Ordine limite: Un ordine per acquistare o vendere una valuta a un prezzo specifico o migliore.

Pips: L'unità di misura più piccola per le variazioni dei prezzi nel Forex. Solitamente rappresenta il quarto o il quinto decimale del prezzo.

Resistenza: Un livello di prezzo in cui ci si aspetta che l'offerta superi la domanda, impedendo ulteriori aumenti dei prezzi.

Slippage: La differenza tra il prezzo richiesto di un ordine e il prezzo effettivo di esecuzione.

Spread: La differenza tra il prezzo di acquisto e il prezzo di vendita di una coppia di valute. Può essere fisso o variabile.

Stop loss: Un ordine che chiude automaticamente una posizione quando il prezzo raggiunge un determinato livello per limitare le perdite.

Supporto: Un livello di prezzo in cui ci si aspetta che la domanda superi l'offerta, impedendo ulteriori cali dei prezzi.

Take profit: Un ordine che chiude automaticamente una posizione quando il prezzo raggiunge un determinato livello per fissare i profitti.

Valuta di base: La prima valuta nella coppia di valute. Ad esempio, nell'USD/JPY, l'USD è la valuta di base.

Valuta quotata: La seconda valuta nella coppia di valute. Ad esempio, nell'EUR/USD, l'USD è la valuta quotata.

Volatilità: La misura delle fluttuazioni dei prezzi di un asset nel tempo.

Acronimi e abbreviazioni

BOE: Bank of England (Banca d'Inghilterra)
CFD: Contract for Difference (Contratto per differenza)
CPI: Consumer Price Index (Indice dei prezzi al consumo)
ECB: European Central Bank (Banca Centrale Europea)
EMA: Exponential Moving Average (Media mobile esponenziale)
ESMA: European Securities and Markets Authority (Autorità europea degli strumenti finanziari e dei mercati)
FED: Federal Reserve (Riserva federale degli Stati Uniti)
FOMC: Federal Open Market Committee (Comitato federale di mercato aperto)
FX: Foreign Exchange (Mercato delle valute estere)
GDP: Gross Domestic Product (Prodotto interno lordo)
HFT: High-Frequency Trading (Trading ad alta frequenza)
MACD: Moving Average Convergence Divergence (Convergenza e divergenza delle medie mobili)
MM: Market Maker (Creatore di mercato)
NFA: National Futures Association (Associazione nazionale dei futures)
NFP: Non-Farm Payrolls (Rapporto sugli occupati non agricoli)
PIP: Percentage in Point (Punto di variazione minimo nel prezzo)
ROI: Return on Investment (Rendimento dell'investimento)
RSI: Relative Strength Index (Indice di forza relativa)
SEC: Securities and Exchange Commission (Commissione per i valori mobiliari e gli scambi)
SL: Stop Loss (Ordine di stop loss)
SMA: Simple Moving Average (Media mobile semplice)
SNB: Swiss National Bank (Banca nazionale svizzera)
TP: Take Profit (Ordine di take profit)

Analisi delle Candele Giapponesi per il Trading Forex: Il Segreto per Comprendere il Mercato

Introduzione

Benvenuto nel capitolo del mio libro dedicato all'analisi delle candele giapponesi nel trading Forex. Il mercato delle valute è noto per la sua alta volatilità e complessità, e per comprendere al meglio le dinamiche che lo governano, uno strumento essenziale è costituito dalle candele giapponesi.

Le candele giapponesi rappresentano un modo efficace per visualizzare il prezzo di un asset in un determinato periodo di tempo. Ogni candela mostra il prezzo di apertura, il prezzo di chiusura, il prezzo massimo e il prezzo minimo durante il periodo considerato.

Nel trading Forex, le candele possono essere utilizzate per analizzare le tendenze del mercato e prevedere l'andamento futuro dei prezzi. In questo capitolo, esploreremo le diverse tipologie di candele giapponesi e come possono essere utilizzate per il trading Forex.

Che tu sia un trader esperto o un principiante, la conoscenza delle candele giapponesi ti aiuterà a comprendere meglio il mercato e a prendere decisioni di trading più informate.

Continua a leggere per scoprire di più sulle candele giapponesi e come utilizzarle efficacemente nel trading Forex.

Comprendere il Grafico Candlestick

La creazione del grafico tramite l'utilizzo delle candele giapponesi fornisce informazioni aggiuntive rispetto alla rappresentazione a barre, grazie alla relazione tra il prezzo di apertura e quello di chiusura dell'asset considerato.
Tale relazione consente di ottenere una maggiore precisione e chiarezza sull'andamento dei prezzi durante il periodo preso in esame.

Ogni singola candela è infatti costituita da:

- **Main o real body ('jittay' in giapponese):** è il corpo della candela, che si ottiene unendo il prezzo di apertura con il prezzo di chiusura.
- **Shadow ('kage'):** sono le linee sottili che collegano il massimo e minimo (High e Low) di seduta al body, rispettivamente definite 'upper shadow' ('uwakage') e 'lower shadow' ('shitakage')

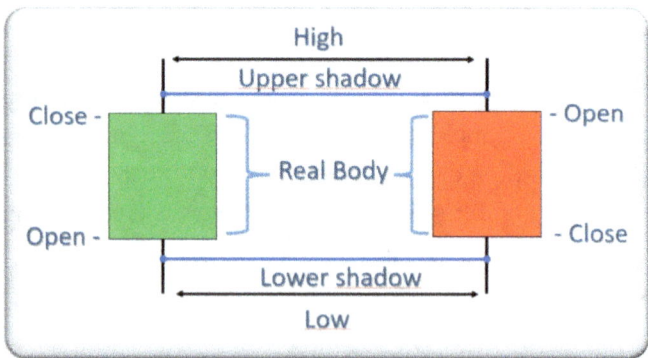

Ciascuna candela può essere visualizzata in un colore differente (di solito sono utilizzati il verde e il rosso, o il bianco e il nero) in base alla differenza tra il prezzo di chiusura del mercato e quello di apertura, che determina se si è verificata una chiusura in positivo (con un aumento del prezzo) o in negativo (con una diminuzione del prezzo) durante la sessione considerata.

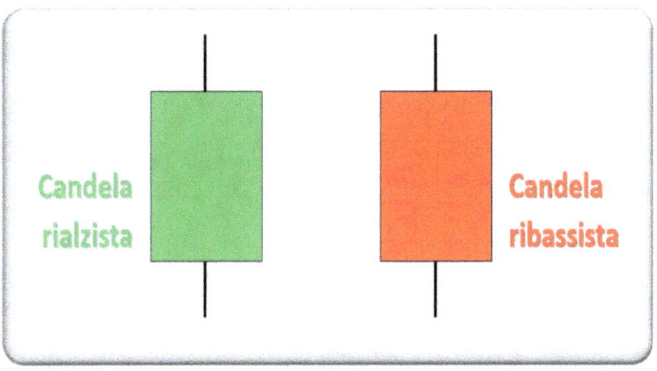

Grazie ai colori chiaramente definiti, la lettura delle candele giapponesi risulta molto intuitiva. Nel grafico a candele giapponesi, infatti, risulta evidente la prevalenza di candele verdi (positive) durante un trend rialzista, mentre durante un trend ribassista la maggior parte delle candele risulteranno rosse (negative).

L'arte dell'Analisi Tecnica: Come Leggere e Utilizzare il Grafico a Candele Giapponesi

L'analisi candlestick fornisce un punto di partenza fondamentale per l'identificazione di nove diversi tipi di candele giapponesi, ognuna delle quali rappresenta un movimento specifico del mercato all'interno della sessione di contrattazione.

Ogni candela dà vita a una strategia specifica che può essere utilizzata in modo operativo, come vedremo in seguito.

L'interpretazione delle candele giapponesi e il loro significato si basano principalmente sulla forma che assumono alla fine della sessione di contrattazione rispetto alla precedente.

In effetti, la forma che assume la singola candela alla fine della sessione ci fornisce molte informazioni sull'andamento del mercato nel suo complesso e queste informazioni possono essere sfruttate in modo operativo.

Il candlestick trading include diversi pattern candlestick basati su una singola candela o su un insieme di candele che devono essere valutate in modo congiunto.

Prima di esaminare questi pattern, è quindi necessario esaminare i nove tipi di candele che costituiscono le figure di base dell'analisi con le candele giapponesi.

- **Long white body**
- **Long black body**
- **Small body / spinning top**
- **Upper shadow lines**
- **Lower shadow lines**
- **Doji**

1. Long white body

Una candela con un corpo ampio indica un movimento rialzista deciso del mercato, in quanto i prezzi hanno chiuso vicino ai massimi raggiunti nella sessione. Se l'apertura e la chiusura coincidono con il massimo e il minimo, si tratta di una candela "marubozu", che rappresenta la massima forza rialzista possibile senza ombre. Questo scenario suggerisce un potenziale rialzo anche nella seduta successiva, grazie alla forte spinta degli acquirenti.

2. Long black body

Questa figura si presenta come un pattern ribassista con implicazioni decise al ribasso. È una figura esattamente opposta al pattern rialzista e mostra una forte prevalenza dei venditori rispetto agli acquirenti. Ciò suggerisce una probabilità elevata di ulteriori ribassi durante la seduta immediatamente successiva.

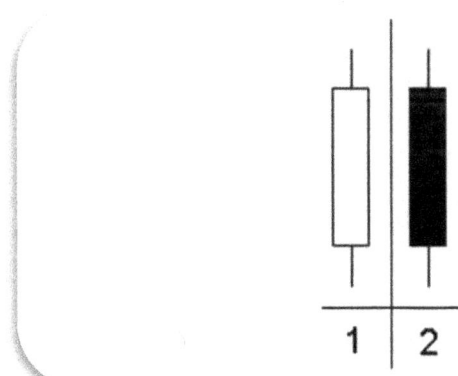

3. e 4. Small body / spinning top

Questi pattern candlestick indicano una sostanziale stabilità del mercato. Queste candele presentano un corpo di dimensioni troppo ridotte per valutare lo squilibrio tra acquirenti e venditori, indipendentemente dal colore della singola candela (la n. 3 indica rialzo e la n. 4 ribasso). In termini previsionali, queste figure suggeriscono potenzialità moderate di rialzi (n. 3) o di ribassi (n. 4).

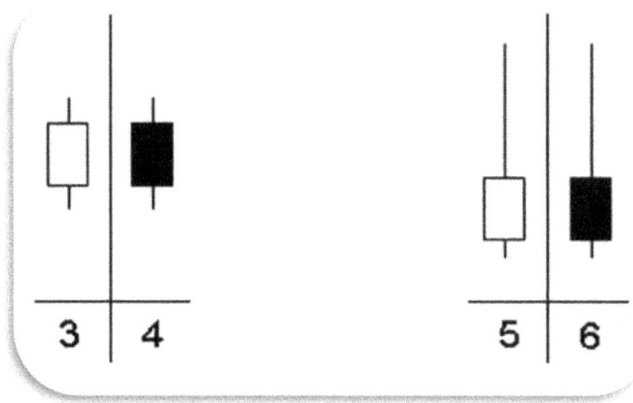

5. e 6. Upper shadow lines

Nella strategia basata sulle candele giapponesi, l'ombra superiore ha implicazioni ribassiste, ma solo in determinate circostanze. Questi pattern sono validi solo se si verificano dopo un up trend marcato. L'ombra superiore indica che i tentativi di ulteriori rialzi degli acquirenti sono stati bloccati dai venditori, che hanno respinto le quotazioni e generato una significativa upper shadow. Vicino ai massimi di questa figura si può individuare un'area di resistenza. Questo pattern indica anche debolezza per la seduta successiva.

7. e 8. Lower shadow lines

Questo pattern candlestick ha implicazioni rialziste e rappresenta l'immagine speculare del precedente. Per avere valore, deve formarsi dopo un notevole trend al ribasso. In questa circostanza, un ulteriore tentativo di calo dei prezzi è stato interrotto da una spinta degli acquirenti che ha determinato un aumento delle quotazioni. È possibile individuare una zona di supporto vicino ai minimi della candela. Questo pattern suggerisce anche un'aspettativa rialzista per la seduta successiva. In queste configurazioni, così come nella figura 4, il colore del corpo della candela ha un'importanza secondaria rispetto alla formazione di una shadow molto pronunciata.

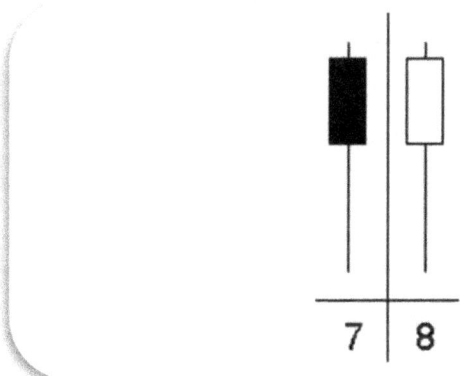

9. Doji, la candela dell'incertezza

La figura del doji rappresenta un equilibrio tra acquirenti e venditori, espressa dall'assenza del corpo reale (open = close), che indica l'incertezza del mercato.
Secondo la tradizione giapponese, il doji simboleggia un "bivio" del mercato. È molto significativo quando si forma dopo un periodo di forte tendenza del mercato. Spesso, la direzione del mercato nelle sedute successive è indicata dalla rottura del massimo (in caso di trend rialzista) o del minimo del doji (in caso di trend ribassista).

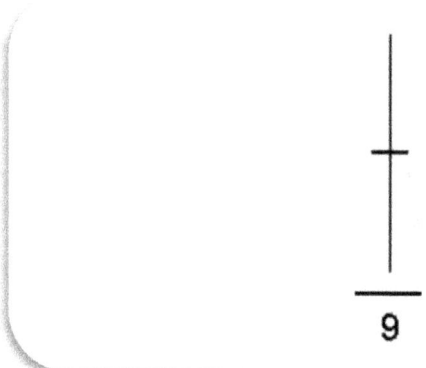

9

Modelli rialzisti delle candele giapponesi: come prevedere l'inversione del trend

Esistono diversi modelli di candele giapponesi, tra cui quelli rialzisti, che indicano un'alta probabilità di inversione del trend ribassista in atto.

In questa breve introduzione, ti illustrerò alcuni possibili modelli rialzisti delle candele giapponesi.

- **Hammer**

Il primo modello rialzista delle candele giapponesi è il "Hammer", o martello in italiano. Si presenta come una candela con un'ombra inferiore molto lunga e un corpo piccolo. Il martello indica che i venditori hanno preso il controllo durante la sessione di trading, ma gli acquirenti hanno preso il sopravvento e hanno spinto il prezzo verso l'alto, chiudendo vicino ai massimi della sessione.

↑
Potential direction

- **Bullish Engulfing**

Un altro modello rialzista è il "Bullish Engulfing", o avvolgimento rialzista. Si presenta come due candele: la prima è una candela rossa, mentre la seconda è una candela verde che apre al di sotto della chiusura della candela precedente e chiude al di sopra della sua apertura. Questo modello indica che i compratori hanno preso il controllo del mercato, superando la pressione dei venditori.

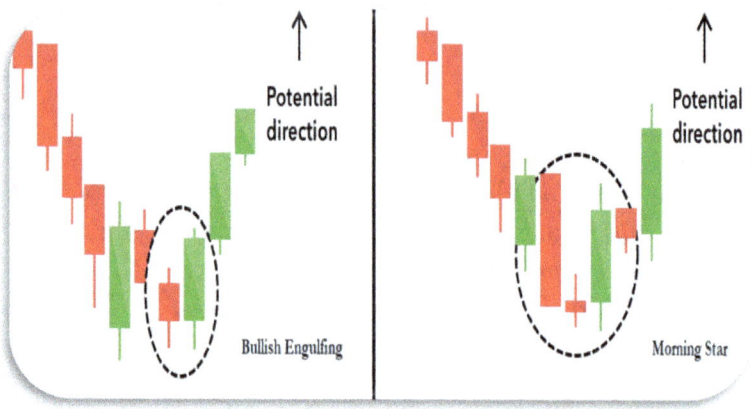

- **Morning Star**

Infine, "Morning Star", o stella del mattino, è un altro modello rialzista delle candele giapponesi. Si presenta come tre candele: la prima è una candela rossa, la seconda è una candela di transizione e la terza è una candela verde. La seconda candela deve essere una candela con un corpo corto, che indica incertezza sul mercato. Il terzo giorno, la candela verde apre al di sopra della chiusura della candela di transizione, segnalando una forte pressione di acquisto. Questo modello indica un'inversione del trend ribassista e un'alta probabilità di un movimento al rialzo.

Modelli ribassisti delle candele giapponesi: come prevedere l'inversione del trend

Tra i vari modelli di candele giapponesi esistono anche quelli ribassisti, che indicano un'alta probabilità di inversione del trend rialzista in corso.

In questa breve introduzione, ti presenterò alcuni possibili modelli ribassisti delle candele giapponesi.

- **Bearish Engulfing**

Il primo modello ribassista è il "Bearish Engulfing", o avvolgimento ribassista. Questo modello consiste in due candele: la prima è una candela verde, mentre la seconda è una candela rossa che apre al di sopra della chiusura della candela precedente e chiude al di sotto della sua apertura. Questo modello indica che i venditori hanno preso il controllo del mercato, superando la pressione dei compratori.

- **Dark Cloud Cover**

Un altro modello ribassista è il "Dark Cloud Cover".
Questo modello consiste in due candele: la prima è una
candela verde, mentre la seconda è una candela rossa che apre
al di sopra della chiusura della candela precedente e chiude al
di sotto del suo punto medio. Questo modello indica che il
mercato potrebbe essere in fase di inversione, poiché i
venditori hanno preso il controllo del mercato in seguito alla
chiusura della candela verde precedente.

- **Evening Star**

Infine, "Evening Star", è un altro modello ribassista delle
candele giapponesi. Questo modello consiste in tre candele: la
prima è una candela verde, la seconda è una candela di
transizione e la terza è una candela rossa. La seconda candela
deve essere una candela con un corpo corto, che indica
incertezza sul mercato. Il terzo giorno, la candela rossa apre al
di sopra della chiusura della candela di transizione, segnalando
una forte pressione di vendita. Questo modello indica
un'inversione del trend rialzista e un'alta probabilità di un
movimento al ribasso.

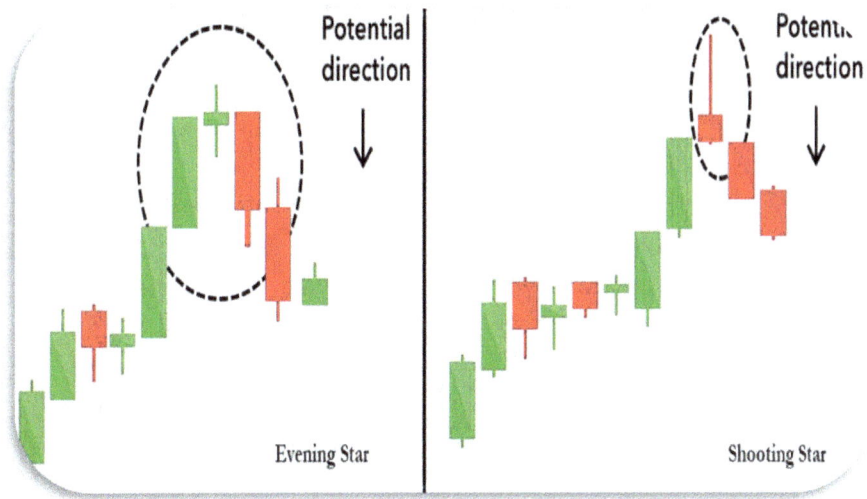

Potential direction ↓

Evening Star

Potenti. direction ↓

Shooting Star

- **Shooting Star**

"Shooting Star" è un modello di candela giapponese che indica una possibile inversione del trend rialzista in corso.
Questo modello è formato da una candela con un piccolo corpo inferiore e un'ampia asta superiore, simile alla forma di una stella cadente. La candela "Shooting Star" si forma in un trend rialzista e indica che i compratori hanno preso il controllo del mercato all'inizio della sessione di trading, spingendo i prezzi ad un nuovo massimo intraday.
Tuttavia, alla fine della sessione i venditori si sono ripresi il controllo del mercato, portando i prezzi a chiudere vicino all'apertura della candela, o addirittura al di sotto di essa.
Questo indica che il trend rialzista potrebbe essere al termine e potrebbe essere imminente una correzione o un trend al ribasso.

Analisi dei Pattern Grafici nel Forex

Introduzione

Il mercato del Forex offre opportunità straordinarie per gli investitori di tutto il mondo, con un volume di scambi giornaliero che supera i trilioni di dollari. Tuttavia, per avere successo in questo mercato altamente volatile, è fondamentale acquisire una solida conoscenza delle strategie di trading.

In questo capitolo, esploreremo i pattern grafici più popolari nel forex trading. I pattern grafici sono formazioni ricorrenti che si verificano sui grafici dei prezzi, fornendo indicazioni di potenziali inversioni di tendenza o continuità del movimento. Questi pattern sono considerati indicatori affidabili poiché si basano sull'analisi degli atteggiamenti degli operatori di mercato nel corso del tempo.

Inizieremo presentando i pattern grafici di inversione, come il testa e spalle, nonché i doppi minimi e massimi.

Questi pattern offrono segnali chiari di possibili inversioni di tendenza ed è diffuso il loro utilizzo da parte degli operatori per prendere decisioni di trading opportune.

Successivamente, esploreremo i pattern di continuazione, come bandiere, triangoli e bande di contrazione. Questi pattern indicano una temporanea pausa nella tendenza esistente e suggeriscono che il prezzo potrebbe continuare nella stessa direzione una volta completata la formazione del pattern.

Questo capitolo fornirà una panoramica dettagliata dei pattern grafici più popolari nel forex trading, offrendo ai lettori le basi necessarie per prendere decisioni di trading più informate e migliorare le proprie performance nel mercato finanziario.

I pattern di inversione

- **Testa e spalle ribassista**

Il pattern Testa e Spalle Ribassista si forma quando un picco significativo si sviluppa vicino a una linea di supporto orizzontale, con due picchi minori ai lati. Questa linea di supporto orizzontale è comunemente chiamata "neckline".

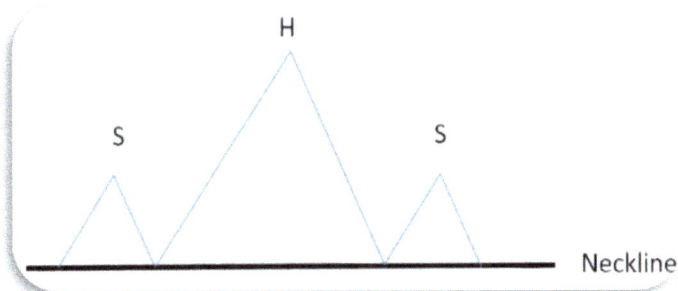

- **Testa e spalle rialzista**

Il pattern Testa e Spalle Rialzista si forma quando si manifesta un notevole avvallamento in corrispondenza di una linea di resistenza orizzontale, con due avvallamenti minori ai lati (spalle). Questa linea di resistenza orizzontale è comunemente denominata "neckline".

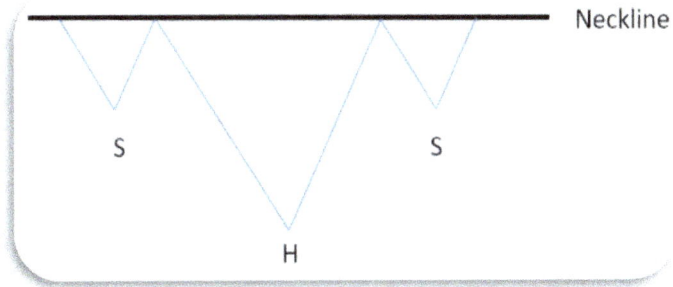

- **Doppio massimo & Doppio minimo**

Il pattern "Double Top" e "Double Bottom" sono modelli di inversione di tendenza che si formano sui grafici dei prezzi.
Il Double Top si manifesta quando il prezzo raggiunge un massimo significativo, corregge verso il basso e poi ritorna a salire fino a toccare nuovamente il primo massimo. Questo crea una formazione a forma di "M" indicando una possibile inversione al ribasso.
Il Double Bottom si verifica quando il prezzo raggiunge un minimo significativo, corregge verso l'alto e poi ritorna a scendere fino a toccare nuovamente il primo minimo. Questo crea una formazione a forma di "W" indicando una possibile inversione al rialzo.

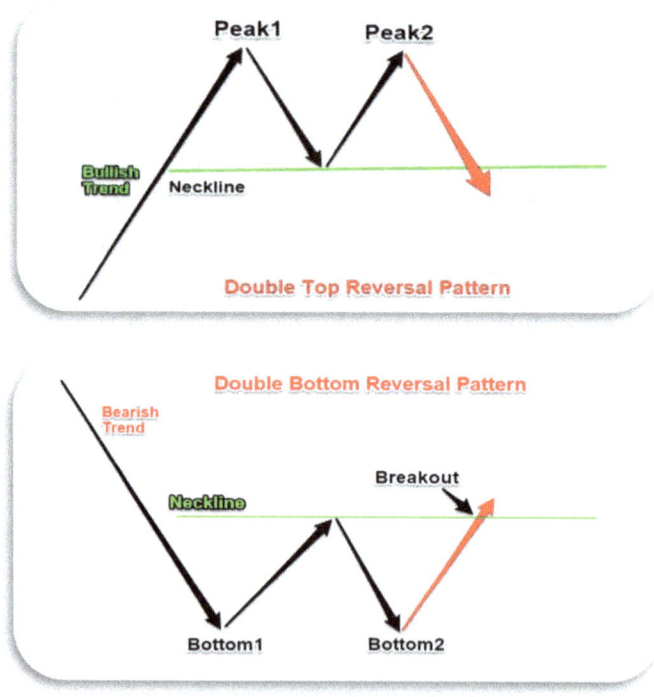

I pattern di continuazione

- **Bandiera (Flag)**

Il Flag Pattern è un modello di continuazione di tendenza che si forma sui grafici dei prezzi. Caratterizzato da un movimento consolidato a forma di rettangolo o bandiera, rappresenta una pausa temporanea nella tendenza precedente. Il Flag Pattern può manifestarsi sia in un trend al rialzo che al ribasso.
Indica una possibile continuazione del trend dopo il consolidamento. I trader cercano una rottura del livello di resistenza o supporto per confermare la direzione del trend. Il volume di scambio spesso diminuisce durante la fase di consolidamento.
Tuttavia, come per tutti i pattern, è importante confermare il Flag Pattern utilizzando altri indicatori o strumenti di analisi tecnica per operare nel mercato in modo più accurato possibile.

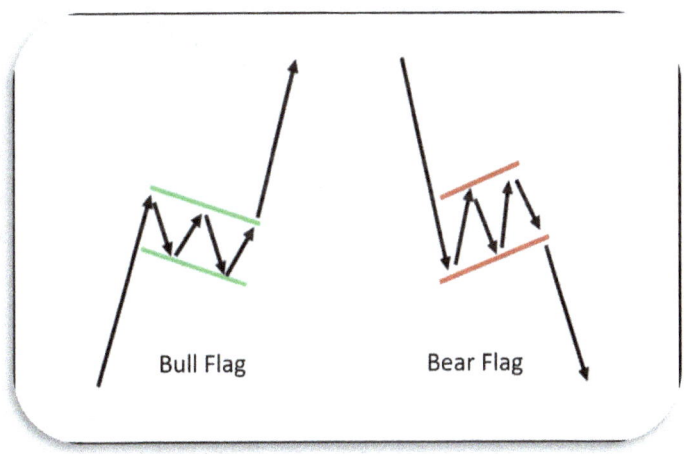

- **Triangolo ascendente**

Il pattern triangolo ascendente indica un periodo di consolidamento dopo un movimento al rialzo, seguito da una possibile continuazione del trend positivo.
Si forma tramite una linea orizzontale di resistenza, che collega i massimi di oscillazione, e una linea di tendenza ascendente, che collega i minimi di oscillazione e funge da supporto.
Almeno due massimi di oscillazione confermano lo stesso livello di prezzo per la linea di resistenza, mentre almeno due minimi di oscillazione superiori formano la linea di tendenza ascendente.
Una rottura sopra la linea di resistenza suggerisce una continuazione del trend rialzista, mentre una rottura della parte inferiore del triangolo indica una possibile tendenza ribassista.

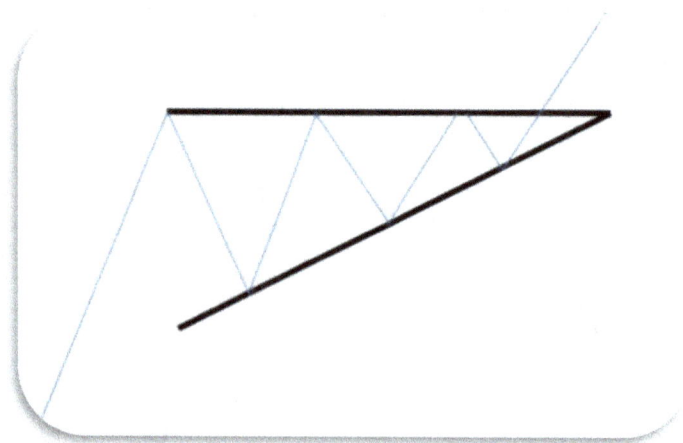

- **Triangolo discendente**

Il triangolo discendente evidenzia un periodo di consolidamento dopo un movimento al ribasso, prima di continuare la discesa.
Si forma con una linea orizzontale di supporto che collega i minimi di oscillazione e una linea di tendenza discendente che collega i massimi di oscillazione, fungendo da resistenza. Almeno due minimi di oscillazione confermano lo stesso livello di prezzo per la linea di supporto, mentre almeno due massimi di oscillazione inferiori formano la linea di tendenza. Una rottura sotto la linea di supporto indica una possibile continuazione del trend ribassista. Tuttavia, se il prezzo rompe la parte superiore del triangolo discendente, suggerisce che il mercato potrebbe interrompere il trend ribassista e potenzialmente formare un nuovo trend al rialzo.

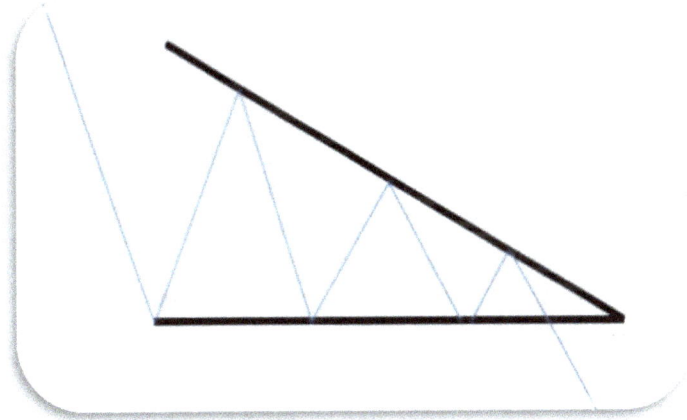

Ringraziamenti

Desidero concludere questo libro esprimendo la mia gratitudine a tutti coloro che hanno scelto di dedicare il loro tempo alla lettura di queste pagine e hanno accompagnato il mio viaggio nel mondo del trading. Il vostro sostegno e interesse hanno reso possibile la realizzazione di questo libro e mi hanno motivato a condividere le mie conoscenze e esperienze.

Vorrei ringraziare i miei lettori per avermi dato l'opportunità di condividere la mia passione per il trading e per avermi spronato a rendere questo libro il più accessibile e informativo possibile. Spero che le informazioni e le strategie presentate abbiano arricchito la vostra comprensione dei mercati finanziari e vi abbiano fornito nuovi strumenti per affrontare con sicurezza le sfide del trading.

Un ringraziamento speciale va a coloro che mi hanno sostenuto durante il processo di scrittura e pubblicazione di questo libro. Voglio esprimere la mia gratitudine a coloro che mi hanno offerto il loro appoggio, incoraggiamento e feedback preziosi lungo il percorso. Il vostro sostegno è stato fondamentale per la realizzazione di questo progetto.

Inoltre, desidero ringraziare i professionisti del settore che ho incontrato lungo il mio percorso di apprendimento nel trading. I vostri insegnamenti, le vostre prospettive e le vostre esperienze condivise hanno arricchito il mio bagaglio di conoscenze e mi hanno aiutato a sviluppare una visione più approfondita del mercato.

Spero sinceramente che questo libro abbia risposto alle vostre domande e soddisfatto la vostra curiosità sul mondo del forex. Ricordatevi che il trading è un percorso di apprendimento continuo e che ogni giorno offre nuove opportunità di crescita e miglioramento.

Vi auguro un successo duraturo nei vostri sforzi e nel perseguimento dei vostri obiettivi finanziari. Che le vostre operazioni nel mercato del forex siano sempre ragionate e guidate dalla consapevolezza.

Grazie ancora per essere stati parte di questo viaggio. Spero che il vostro cammino nel mondo del trading sia illuminato e gratificante.

Cordiali saluti,
Antonino Basiricò